書下ろし

なぜ、国際教養大学で人材は育つのか

中嶋嶺雄

祥伝社黄金文庫

はじめに

　早いもので、国際教養大学が秋田の地に開学して六年半が過ぎました。最近は新聞、雑誌、テレビなどマスメディアで取り上げられることも多くなり、認知度も上昇しました。しかし、1冊の本としてまとめたのは本書がはじめてです。

　取材や講演などで必ず質問されるのは、「就職氷河期のいま、新設大学なのに、どうしてこれほどの就職実績を残せるのですか?」「なぜ、国際教養大学の学生は企業・公官庁に高く評価されるのですか?」ということです。

　これに対して、私はいつも同じ答えをしてきました。そして、この答えは受験生、大学関係者や企業の人事担当者のみならず、ビジネスマンや社会のみなさんにも有効であり、その答えがグローバル化の波に翻弄されている日本と日本人に求められているのではないかと思うに至りました。

　なぜ、国際教養大学で人材は育つのか――。われわれ教職員と学生の奮闘から得た「答え」をお読みいただければさいわいです。

二〇一〇年十二月　秋田市雄和《ゆうわ》にて　中嶋《なかじま》 嶺雄《みねお》

『なぜ、国際教養大学で人材は育つのか』……目次

一章——人材は、厳しい環境で育つ

二章——就職率100%の秘密

三章――日本最先端の大学を秋田に作る

東京外国語大学ではできなかったこと　88
「脱教授会自治」がもたらしたもの　91
教職員は、三年契約の年俸制　95
文部科学省も認めた国際化のモデル校　98
めざすは一〇〇〇人の大学町　100
他流試合で、レベルアップをはかる　102
世界へ飛び立つ若者は、秋田の大きな財産　106

四章——なぜ、国際教養が必要なのか

内向きになってしまった日本人　110
教養教育をないがしろにしてきたツケ　113
留学とは、自己挑戦の喜び　116
語学以外のカリキュラムに失望した大学時代　118
人事院総裁に直訴して実現した中国行き　121
海外に出ることで、日本を再発見する　125

五章——企業の求める人材が変わった

六章――日本が沈まないために

写真協力／国際教養大学
図版製作／日本アートグラファー

一章

人材は、厳しい環境で育つ

就職率100%の新設大学

現在は、就職〝超〟氷河期と言われています。

二〇一〇年春、四年制大学を卒業した学生の就職率は60・8%で、前年より7・6ポイントも下落しました（二〇一〇年八月、文部科学省「学校基本調査」速報値）。下げ幅は過去最大で、進学も就職もしていない人は約八万七〇〇〇人。リーマン・ショック後の企業の急激な採用減の影響で、高卒も合わせると約一五万人もの若者が、定職に就《っ》けない不安定な立場に追い込まれています。

そうした厳しい就職状況にもかかわらず国際教養大学の就職率は、二〇〇七年度100%、二〇〇八年度99・1%、二〇〇九年度100%、二〇一〇年度100%ときわめて良好、順調に推移しています。二〇一一年度の内定率もすでに80・0%（二〇一一年六月時点）に達しています。

くわしくは二章以降で述べますが、国際教養大学は、二〇〇四年春に全国初の公立大学法人として開学した新設大学で、まだ六年半の歴史しかありません。国際教養学部のみの単科大学で、入学定員一七五名（開学時一〇〇名）、学生総数約八二〇人の小さな大学です。キャンパスの所在地は秋田県秋田市郊外の雄和、秋田空港からほど近い山あいです。

大都市圏に位置する、歴史のある有名な国立大学や私立大学などと比べたら、就職という面では決定的に不利と思われる方が多いと思います。そうでなくても新設大学の場合、企業の採用担当者のブランド認知度はきわめて低いのがふつうです。

いっぽう、大学の評価は端的に就職状況に現われれます。

「はたして企業は、うちの学生を採用してくれるのだろうか」

開学当初、理事や教職員一同、おおいに不安に思ったものです。

ところが学生たちは、そうしたハンディをものともしないで、二〇〇七年度にはじめて卒業した一期生以降、不況下の就職戦線でみごとな結果を出し続けています。

いささかＰＲめいて恐縮ですが、これまでの就職実績を見ると、三菱商事、住友商事、伊藤忠商事、丸紅、三菱重工業、三菱マテリアル、三菱電機、住友金属鉱山、住友林業、富士ゼロックス、花王、エーザイ、明治製菓、キッコーマン、三井住友銀行、明治安田生命、モルガン・スタンレー、全日空、日本通運、日本郵船、ＮＴＴコミュニケーションズ、電通……等々、そうそうたる企業名が並びます。

これらの企業は、採用担当者がわざわざ秋田のキャンパスまで足を運び、企業説明会を開いてくれ、なかには、その場で採用試験を行ない面接をしてくれるところもあります。

不況なのに就職がいい、それも一流企業が多いとあって、最近は、新聞、雑誌やテレビなどに「就職に強い大学」として取り上げられる機会も増えました。

取材に来られる方は、みなさん異口同音にこう尋ねます。

「地方の新設大学にもかかわらず、なぜ国際教養大学は、これほど就職に強いのですか？その秘密は、いったいどこにあるのですか？」

その答えは、国際教養大学の開学の理念と独自の教育プログラム、そして学生たちの不断の努力にこそあると私は、思っています。

優れた人材を育《はぐく》む、独自の教育プログラム

国際教養大学は、開学の理念として「国際的に活躍できる人材の育成」を掲げました。その意図するところは、英語による卓越したコミュニケーション能力と豊かな教養を身につけた実践力のある人材を育成し、国際社会と地域社会に貢献することにあります。

国境を越えてグローバル化が急速に進む今日のような時代にあっては、多様な価値観を認め合いながら、さまざまな問題を解決する能力が不可欠だからです。

そのために、私たちは、

①授業はすべて英語で行なう
②少人数教育を徹底（一クラス一五人程度）
③在学中に一年間の海外留学を義務化
④新入生は、外国人留学生とともに一年間の寮生活
⑤専任教員の半数以上が外国人
⑥厳格な卒業要件
⑦24時間３６５日開館の図書館

などの、独自の教育プログラムと大学運営を実践しています。

詳細は二章に譲りますが、卒業に必要な１２４単位の授業は、すべて英語で行なっています。

日本の歴史や文化、政治、経済などの授業はもとより、物理、数学から茶道、音楽、体育までいっさい例外はありません。すべて英語です。国際教養の習得をめざしたカリキュラムはハイレベルで、専任教員は半数以上が外国人、一クラス一五人前後の少人数授業を徹底しています。

新入生が最初に課されるのは「英語集中プログラム（English for Academic Purposes

＝ＥＡＰ）」です。読み書きや聞き取り、会話のほか、講義の聴き方やノートの取り方まで「英語で学ぶための英語」を週20時間みっちり学びます。

授業が英語というと、「帰国子女や留学経験者が多いのでは」と思われるかもしれませんが、そうしたケースは意外と少なく、新入生の大半は、日本でふつうに学んだ学生たちなのです。

そのいっぽうで、在学生の約20％は、世界の１００以上の提携大学から集まった留学生が占め、キャンパスは実に国際色豊かです。学内を歩けば、あたりまえのように英語や他の言語が飛び交っています。新入生は、そうやって世界中からやってくる留学生と、入学後一年間、一緒の寮生活が義務づけられています。「日常的な異文化共生空間」を創り出すことで、英語力や異文化理解を深めてもらうためです。

また在学中、提携大学への一年間の海外留学も義務づけられています。留学先の学費は、原則として国際教養大学の学費で賄《まかな》われます（渡航費、生活費などは別）。ただし、留学するにはＴＯＥＦＬ（英語圏への留学をめざす外国人らを対象にした英語力テスト）で５５０点以上取る必要があり、これをクリアしないと留学が許可されません。英語の上達が遅れれば、そのぶん、留学時期や卒業時期がずれ込むことになります。

学生の「質」を担保するため、成績評価も厳密です。授業科目ごとの成績を4点満点で評価し、平均値によって進級や卒業の可否を判断するGPA（Grade Point Average＝累積成績評価平均点）が、四期連続で2・00を下回ると、休学・退学勧告の対象になります。実際に、四年でストレートに卒業できる学生は50％程度です。

当然、学生は必死で勉強します。寝る間も惜しんで勉強しています。そんな学生を支援するため、学内にある図書館も24時間365日オープンにして使えるようにしています。よく、日本の大学は「出席さえすれば、ろくに勉強しなくても単位が取れる」と言われますが、国際教養大学はまったく違います。必死で勉強しなければ授業についていけないし、単位も取れません。進級も卒業もおぼつかないのです。

しかし、努力は人を裏切らない。そうやって一生懸命に勉強した学生は、高いコミュニケーション能力を持ったほんとうの英語力と、豊かな教養を身につけて卒業していきます。国際社会で、すぐにも活躍できる人材として社会に巣立っていくのです。

大手企業の採用担当者は、言います。

「国際教養大学には、有名大学をしのぐ人材がたくさんいる。学生は自分の頭で考えて、それを適切に表現できる力が鍛えられている。ここでは企業にとって理想の人材が育つ」

「国際教養大学には、英語での授業や留学の義務化など、他の大学にはない独自の理念や教育プログラムがある。そうした他に類を見ないユニークな環境で学んだ学生に、これからの時代を生き抜いていく企業人としての将来性を期待している」

こうした企業の声は、私たちの開学の理念と独自の教育プログラム、さらにはそれらに共鳴・共感して入学し、必死に努力を続けた学生たちへの最高の賛辞と思っています。

厳しい環境だからこそ、人材は育つのです。

入試の難易度は、いまや東大・京大レベル

マスメディアの報道などを通じて注目度が上がるにつれ、「厳しいけれど、確かな学力が身につく大学」として、受験生の関心も高まってきました。

今年のオープンキャンパス（年三回開催）には、全国から高校生や保護者らが約二七〇〇人も参加し、学生の留学体験に耳を傾けたり、模擬授業を体験しました。出願倍率は、例年ほぼ10倍以上ですが、二〇一一年度春の一般入試は21・4倍を記録。

難易度は、いまや全国屈指で、入試の種類（日程）によっては東大並みに偏差値が上がります。

国公立大学・入試難易ランキング

	センターランク	大学・学部・学科 前期日程	大学・学部・学科 後期・中期・その他日程
法・経済・経営・商系	90%	東京大・文科Ⅰ類	東京大・理科Ⅲ除く全類 一橋大・法
	89%		一橋大・経済 静岡県立大・国際関係
	88%	東京大・文科Ⅱ類	
	86%	一橋大・法 京都大・法 京都大・経済	
	85%	▶	**国際教養大・国際教養** 大阪大・経済 鹿児島大・法文
	84%	一橋大・商 一橋大・経済 京都大・経済	東北大・経済 大阪大・法 九州大・法
文・教育・外国語・生活科学系	90%		東京大・理科Ⅲ除く全類
	89%		群馬県立女子大・ 国際コミュニケーション 静岡県立大・国際関係
	88%	東京大・文科Ⅲ類 京都大・総合人間(文系)	一橋大・社会
	86%	一橋大・社会 京都大・文 京都大・教育	
	85%	▶	**国際教養大・国際教養** 東京外国語大・外国語
	84%	大阪大・人間科学	筑波大・人文 文化学群 お茶の水女子大・文教育

※同一ランク内は北→南の順

（代々木ゼミナール2011年度入試難易ランキングより）

狭き門を突破して秋田へやってくる学生は、成績もさることながら、みな高い志を持っています。秋田市郊外のキャンパスは秋田杉の森に囲まれたそれは美しいところですが、半面、民家もまばらで、コンビニもスーパーもない片田舎でもあります。地方の若者であれば、都会への憧れを抱いて当然ですし、彼らの学力をもってすれば、たとえ現役は無理でも、それこそ東大でも東京外国語大学でも十分狙えるはずです。

「何もそんな田舎の無名の新設大学に、行かなくてもいいじゃないか」「おまえの実力なら、もうすこし頑張れば、東大にも入れるはずだ」などと親御さんから反対されるケースもあるようです。開学当初は就職実績もありませんから、一～四期生の場合は、特にそういうケースが多かったようです。それを押しきって、あえて秋田の国際教養大学を選ぶというのは、よほどの覚悟と目的意識がなければ、できることではありません。

なぜ、彼らは国際教養大学を選ぶのでしょうか。一、二年生（六、七期生）にその理由を聞いてみました。彼らの答えは、きわめて明確です。

「大学に入ったら、しっかり勉強したいと思っていた。たしかにまわりには何もないが、そのぶん、勉強に集中できる。一年間の海外留学の義務づけや幅広く学ぶカリキュラムは他の大学にはない魅力。迷わずここを第一志望にした」（岐阜県出身、六期生）

「少人数クラスで、授業はすべて英語。海外留学も全員が義務。これって絶対にラクできない。でも大変だからこそ、いろいろな経験が積めるし、自分にプラスになると思った」（北海道出身、六期生）

「小さいころからパイロットになるのが夢。それには英語力と幅広い教養は必須で、ここのカリキュラムや留学は、魅力的だった」（福岡県出身、六期生）

「ここの授業はすべて英語で、先生との会話も全部英語。その環境がものすごく魅力的で、英語を自分のものにするには、ここしかないと思った」（秋田県出身、七期生）

そこには強い目的意識とともに、わが道を行くたくましさや自発的に学ぼうとする強い姿勢があります。そうした向上心やチャレンジ精神に溢れる学生たちが、開学の理念と独自の教育プログラムのもと、たがいに刺激しあい、切磋琢磨《せっさたくま》しながら自分を伸ばしていく――。

これこそ、国際教養大学のあるべき姿であり、学風です。そして、「人材の育つ大学」として、企業が高く評価するもっとも重要な点でもあります。

秋田の地だからこそ、できる

大学とは本来、時代の変化にもっとも敏感に対応すべき場所です。

かつて企業は「大学で勉強したことなんて役に立たない。必要な人材は、OJT（On the Job Training）で育てる」と考えていました。しかし、熾烈《しれつ》なグローバル競争を生き抜くには、もはや、そんな悠長なことは言っていられなくなりました。「国際部門で活躍できる人材が、すぐにほしい」「英語で仕事ができる即戦力がほしい」と考え、いまや「大学は、外国語のできる教養ある人材を育成してほしい」と切望しています。

国際教養大学の開学の理念と独自の教育プログラムは、まさにそうした時代の変化、ニーズに応えるものです。

少子化が進み、多くの日本の大学は苦戦を強いられています。地方の大学は特にそうです。そうしたなかで国際教養大学は、東北の片田舎から新たな挑戦を続けています。都会にあるブランド校や伝統校でなくても、地方だからこそ、この秋田の地だからこそ、できることはあります。

なぜこの秋田で、そして国際教養大学で人材が育つのか——。

二章以降で、さらにくわしくご説明したいと思います。

二章

就職率100%の秘密

開学わずか六年で得た高い評価

秋田に奇跡が起きた――。

初年度の入学試験のあと、教育界や秋田県の関係者などから沸き起こった驚嘆の声を、私はいまでも忘れることができません。

国際教養大学が秋田市郊外に開学したのは、二〇〇四年四月。キャンパスは、秋田市内から車で約30分、秋田空港からは車で約5分の広大な森のなかにあります。学生不足で前年に廃校となったミネソタ州立大学機構秋田校（ＭＳＵＡ）の施設を、そのまま引き継いでの開学でした。このため、全国の教育関係者や大学設置者である秋田県の議会関係者などからは、「少子化で18歳人口が減り続けるなか、ほんとうに学生は集まるのか」といぶかる声もありました。

しかし、フタを開けてみれば、全国から志願者が殺到。近隣の国公立大文系の受験倍率が2～5倍だったのに対し、前期平均15・6倍、後期は45・2倍に達しました。それは、まさに奇跡と呼ぶにふさわしい快挙でした。

あれから六年。入試難易度はいまや全国屈指となり、日本を代表する一流企業が、就職説明会のためにわざわざ秋田まで足を運んでくれるようになりました。

国際教養大学は、秋田空港からほど近い森のなかにある
①多目的ホール②グローバル・ヴィレッジ(学生宿舎)③こまち寮(学生寮)④カフェテリア⑤⑥⑨講義棟⑦ユニバーシティ・ヴィレッジ(学生宿舎)⑧サークル棟⑩図書館⑪プラザクリプトン(ゲストハウス)

『サンデー毎日』二〇一〇年九月十二日号の特集「全国六〇〇進学校・進路指導教諭が生徒に勧めるイチ押し大学」によれば、国際教養大学は以下の項目で全国的にきわめて高い評価を得ています。

○小規模だが評価できる大学／1位（2位国際基督教大学、3位成蹊大学）
○国際化教育に力を入れている大学／1位（2位国際基督教大学、3位上智大学）
○入学後、生徒を伸ばしてくれる大学／3位（1位東北大学、2位東京大学）
○教育力が高い大学／4位（1位東京大学、2位東北大学、3位京都大学）

開学わずか六年にして、国際教養大学はこうした評価をいかにして勝ち得たのでしょうか。一章でも簡単に触れましたが、これまでの日本の大学にはなかった独自の制度やカリキュラム、大学運営などについて、もうすこし詳しくお話ししたいと思います。

(1) 授業はすべて英語で行なう

全球化《グローバル》時代に必要な英語力とは何か

「グローバル化（globalization）」は、中国語では「全球化（チュアン・チウ・ホア）」と言います。国家と国家を水平的に結ぶ関係が「国際化」とすれば、グローバル化とはまさに全地球的な「全球化」であり、きわめて立体的な概念です。

そのようなグローバル化は、一九九〇年代初頭、東西冷戦体制の崩壊とともに始まり、これをインターネットに象徴されるＩＴ革命が、急速に推し進めました。いまや全世界は、ボーダーレスに同時進行する時代に突入しています。

こうした全球化の時代にあって、国際的なコミュニケーションの手段（ツール）と言えば、文句なしに英語です。グローバル化＝アメリカ化という側面はあるにしても、国際共通語としての英語の優位は動かしようがありません。圧倒的です。

ひるがえってわが国の英語教育は、「中学、高校で六年間、さらには大学で四年間勉強しても、まともに英語が使えない」と言われて久しい状況が続いています。大学を卒業して英語で仕事のできる人材（ＴＯＥＦＬスコア６００点以上）は、大学卒業生の１％程度にすぎません。残りの99％は、英語を一〇年学んでも何の役にも立てられないのです。

原因は、はっきりしています。旧態依然のテキスト中心の英語教育がなされていて、コミュニケーションのツールにまで高められていないからです。

大学の場合、英語教師は、ほとんどが文法学者か言語学者か文学者であり、授業はウィリアム・フォークナーやサマセット・モームのような巨匠の作品をすこしずつ訳させるだけ。それで、単位がもらえます。これでは作品は読めても、コミュニケーションができるようにはなりません。

英字新聞が読めて、CNNやBBCなどの放送も理解できて、それについて自分はどう思うか、ちゃんと外国人と議論ができる——。全球化時代に必要なのは、そうしたほんとうの意味での英語による受信力・発信力であり、それを可能にする英語教育です。

そこで国際教養大学では、英語をコミュニケーションのツールとして使える人材を育成するため、授業をすべて英語で行なうなど徹底した英語教育を実践しています。

入学したら、まず「英語で学ぶための英語」を学ぶ

国際教養大学は、「英語を学ぶ大学」ではなく「英語で学ぶ大学」です。在学中は、すべての授業が英語で行なわれます。このため、入学すると最初に「英語集中プログラム（EAP）」で、英語の運用能力を徹底的に学びます。

EAPは、英語の授業についていける英語力を身につけるためのもので、具体的には話す、聞く、読む、書くという技能に加え、講義の聴き方、ノートの取り方、図書館での調査手法、議論やプレゼンテーションの技術、論文のまとめ方などについて学習します。

ＥＡＰで用いる教材は、特定のテキストがあるわけではなく、授業や教員によって英字新聞のコピーを使ったり、課題図書を使ったりと、非常にフレキシブルです。さまざまな学問分野の知識を得られるように、選択・工夫されており、特に世界・地球規模の時事問題や社会問題には重点が置かれています。

国際教養大学は、授業はすべて英語で行なっているため、もともと英語が好きで、ある程度自信もある生徒が入学します。とはいえ、入学時の学生の英語力はさまざまです。なかには、高校時代に留学経験がある学生も多数います。

そこで私たちは、学生たちが自分の英語力に合わせて効率よくＥＡＰを学べるように、入学式に先立ち、ＴＯＥＦＬを用いた英語能力テスト（プレイスメント・テスト）を行ない、その結果によって、学生たちを次の三つのレベルに能力別クラス編成しています。

○初級（ＥＡＰ１）／ＴＯＥＦＬ　〜４６０点レベル
○中級（ＥＡＰ２）／ＴＯＥＦＬ　４６０〜４８０点レベル
○上級（ＥＡＰ３）／ＴＯＥＦＬ　４８０〜５００点レベル

ＴＯＥＦＬ４６０点以下の学生はＥＡＰの１から、ＴＯＥＦＬ４６０〜４８０点の学生は１をスキップして２から、ＴＯＥＦＬ４８０〜５００点の学生は１、２をスキップして

3からスタートしますが、最近は3から始める学生がほとんどです。

ふつう、日本の大学ではこうした能力別のクラス編成はしませんが、それこそが大きなまちがいだと思います。EAP1の学生には奮起を促し、EAP2、3の学生にはどんどん先へ進んでほしいので、あえてこうしているのです。開学した当初は、EAP1の学生が萎縮《いしゅく》してしまわないか心配しましたが、「負けてたまるか！」と必死で勉強する姿を見て、大丈夫と確信しました。

EAPを修了するには、TOEFLで500点以上取る必要があります。それをクリアすると、大学の講義を受けるのに十分な英語力を身につけたとして、次のステップである「基盤教育（Basic Education）」へと進みます。これについては後述します。

最近は入学者の英語力がかなり上がっており、入学時のTOEFLスコアは、平均で510点くらいになっています。このため、入学時点ですでにEAPの修了要件を満たしている学生が多いのですが、いくらTOEFLスコアがよくても、それだけでは英語による大学の授業にはついていけません。

「英語で学ぶための英語」の習得は必須であり、EAP3は、必ず履修する必要があります。

実際、入学時のＴＯＥＦＬスコアがかなりよかった学生でも、最初のうちは苦労するようで、自分の英語力について「甘かった」「自惚《うぬぼ》れていた」と反省する声をよく聞きます。特にＥＡＰ１から始める学生は、「とんでもないところに来てしまった……」と、まわりのレベルの高さに衝撃を受けることが多いようです。

でも、それでいいのです。「自分の英語はまだまだ」「低すぎる」と自覚できるからこそ、「みんなに負けないように、必死で頑張ろう」と思えるのですから。

その証拠に、ＥＡＰ修了に必要なＴＯＥＦＬ５００点以上の要件は、ＥＡＰ１から始めた学生でも、春の学期が終了する七月までには、ほぼ全員がクリアします。

なおＥＡＰ２、３の学生は、次に述べる「基盤教育」から一、二科目履修できるので、ＥＡＰを学びながら、本格的に「英語で学ぶ」ステージへすこしずつ入ることができます。

世界で通用する「国際教養」

国際教養大学は、国公立大学で唯一、大学の名前に地名や地域名ではなく、「国際教養(International Liberal Arts)」という大学の教育目標を掲げている大学です。

国際教養は、きわめて新しい概念であり、学問分野として確立している専門領域でもありません。では、私たちの考える国際教養教育とは何かと言えば、実利的な学問だけでなく、さまざまな分野の授業を提供し、幅広い教養を備えた人材を育成することであり、それはまた、将来の専門性の獲得に向けた意欲を高め、国際社会で活躍できる懐《ふところ》の深い人材を養成することでもあります。

なぜいま国際教養なのか、という教育論的な視点からの考察は三章、四章に譲り、ここでは、国際教養大学の国際教養への取組みを、カリキュラムのうえから簡単に触れておきましょう。

国際教養大学における教養教育の核心は、ＥＡＰ修了（ＴＯＥＦＬ５００点以上）後に履修する「基盤教育」です。これは、文字通り教養の基礎であり、他の大学で言えば一般教養科目に相当しますが、その内容は大きく異なります。

また、他の大学との大きな相異点は、授業がすべて英語で行なわれることと、社会学、政治学、心理学などから芸術論、美術史などの芸術科目、教養数学、統計学などの数理科目、さらには日本史や世界史はもとより、体育、茶道、華道、書道まで幅広い学問分野が用意されている点です（33ページ参照）。

「基盤教育」の主な開講科目

社会科学 社会学、政治学、心理学、文化人類学、環境科学、地理学、世界史、比較文化論、人口学、ビジネスと経済学の世界、教育制度論、日本国憲法と法、社会科学留学科目

芸術・人文科学 世界における日本の美術、芸術・芸術論（音楽と演奏）、スズキ・メソード アンサンブル、ゴスペル・クワイヤー、英語文学、西洋思想文化、東洋思想文化、映画学概論、日本の伝統芸能、秋田文化入門、芸術・人文科学留学科目

数学・自然科学 生物学入門、化学入門、物理学入門、教養数学、微積分学、統計学、数学・自然科学留学科目

世界の言語と言語学 言語学、応用言語学、中国語I ～Ⅲと実践、韓国語I～Ⅲと実践、ロシア語I～Ⅲと実践、モンゴル語I～Ⅲと実践、フランス語I～Ⅲと実践、スペイン語I～Ⅲと実践、異文化言語実習I～Ⅱと実践、日本語教授法

学際研究 グローバル研究概論、異文化間コミュニケーション、国際関係論I～Ⅱ、国際協力・開発論、情報と社会、宗教と生命倫理、比較哲学、会議通訳（日英）、国際ニュースの実践的聴取、朝日新聞提携講座「国際報道の現場から」、特別客員講義、学際研究留学科目

コンピュータ、キャリア、留学 コンピュータ・リテラシー、キャリア・デザイン、インターンシップ、留学セミナー

日本研究 日本史、日本の宗教、日本の文学、日本の政治と統治、日本の経済、日本の外交政策、日本のビジネス文化、日本企業の中国ビジネス、東北文化探訪、漫画・アニメ論、茶道、書道、華道、特別客員講義、異文化間ディベート

また、人類の将来を考えるうえで重要な人口学（Demography）は、開学時から開講していますが、日本で人口学を教えている大学はごく少数だと思います。

「教養（Liberal Arts）」をArts and Sciencesとも言うように、文系の大学であるにもかかわらず、生物、物理、化学の講義と実験など自然科学系の授業まで行なうのは、文系・理系の枠にとらわれることのない、幅広い教養を身につけてほしいからです。

音楽では、スズキ・メソードを用いた室内アンサンブルの授業もあります。スズキ・メソードは、音楽を通じた幼児教育運動の創始者である鈴木《すずき》鎮一《しんいち》先生が提唱した「耳で聴いて覚える」ことの重要性を方式化したもので、その理論は、外国語の習得にも有益です。

学生たちは、これらの多様な分野から学問の基礎を幅広く学習し、知識や教養を深め、広く見聞を持つことによって個々の知的土台を築き上げていきます。同時に多様な学問を通じて、物事を多角的な視点で観察・検証し、論理的に考える力を養います。

基盤教育の目標と方法を具体的に述べるならば、次のようになります（35ページ参照）。こうした能力、知的土台を身につけることは、急速に変わりゆく現代の国際社会や地域社会に、いつでも柔軟に対応できる豊かな人間性を養ううえで、きわめて重要です。

なぜ、国際教養を学ぶのか

目標
• 外国語コミュニケーション能力の熟達 • さまざまな学問分野にまたがる広範な基礎知識 • 知的自律性と意思決定能力 • 自己の文化的アイデンティティへの認識と異文化への理解 • グローバリゼーションに対する理解

↑

習得方法	
• 批判的思考	• 人文学的視点
• 体験的学習	• 社会科学的視点
• 量的論証	• 経験的方法

他の大学にはない専門科目の数々

基盤教育が修了すると、「専門教養教育」に進みます。これは、一般教養に対する専門教育ではなく、あくまで国際教養の一環と位置づけられています。他の大学で言うところの専門教育課程とは、意味合いが違います。

言うまでもなく、授業はすべて英語です。

専門教養教育は、「グローバル・ビジネス課程」と「グローバル・スタディズ課程」に分かれ、学生はいずれかを選択します（37ページ参照）。

グローバル・ビジネス課程では、世界を舞台にした厳しい競争の場で、世界各国の企業人と競うための能力を磨きます。

具体的にはミクロ、マクロの経済学原理を

しっかり勉強するほか、金融論、国際経済学、開発経済学、国際政治経済論など「国際経済社会の教養」の基礎を身につけます。

また、国内外ビジネスの第一線で活躍した経験を持つ教授が、理論と実践に基づき、マーケティング、起業家精神、リーダーシップ、企業戦略論などを教え、実践的スキルを磨きます。

いっぽう、グローバル・スタディズ課程は、次の三つの分野に分かれます。

①北米分野……アメリカを中心にカナダ、メキシコなどの北米地域に焦点を当て、文化、歴史、政治、経済を広く学習する。

②東アジア分野……韓国、中国、台湾、香港、マカオ、シンガポールからモンゴル、ロシアまでを含めた広域アジア圏を対象に、これらの国々の文化、歴史、政治、経済を広く学習する。

③トランスナショナル分野……複数の地域にまたがる国際機関、EUのような国家連合、NATOなどの地域協力機構、国際連合やその諸機関などの国境を越えて機能する組織や国際法、国際協力や開発、紛争解決、民主化支援などについて掘り下げて学習する。

「専門教養教育」の主な開講科目

[グローバル・ビジネス課程]

必修専門核科目 経済学原理マクロ、国際ビジネス

選択専門核科目 金融理論と応用、ミクロ経済学、開発経済学、計量経済学、グローバル化における経済学、国際政治経済、環境資源と経済、現代日本の経済、会計学、企業財務、通貨・銀行と国際金融、国際貿易論、マーケティング概論、戦略的マネージメント、時系列分析、リーダーシップの理論と応用、企業の知識経営、起業家精神、ケーススタディ(BRICs)、特別客員講義、ビジネス & エコノミクス留学プログラム

総合セミナー グローバル・ビジネス総合セミナーI～II

[グローバル・スタディズ課程]

選択専門核科目 東アジア研究概論、中国近現代史、韓国近現代史、ロシア近現代史、モンゴル近現代史、東アジアの演劇と映画、中国現代社会、今日の台湾、韓国・北朝鮮社会、極東ロシア社会、東アジアのマス・メディア、中国における少数民族

アメリカ史、アメリカの産業と経済政策、アメリカの政治システム、アメリカの大統領制、アメリカの外交政策、アメリカにおけるマイノリティ、アメリカにおける社会問題、国際法、欧州の政治と経済、地球社会学、情報通信技術と社会

総合科目 中国の外交政策、米中関係論、日米関係論、日中関係論、国際環境科学、国際機構論と法、国際協力・開発論II、平和科学(紛争予防外交論)、国際報道論、特別客員講義、グローバル・スタディズ留学プログラム

総合セミナー グローバル研究セミナー、北米研究セミナー、東アジア研究セミナー、トランスナショナル研究セミナー

グローバル・スタディズ課程では、これらの学習を通じて、個人や集団の持つ多様な価値観を尊重しつつ、「世界はひとつ」というグローバルな視点からさまざまな問題を分析、解決の方策を探れるような力を養うのが、大きな目標になります。

グローバル・スタディズ課程には、安全保障や予防外交論など他の大学ではあまり見られない科目があります。これは、それらの授業を通じて、「歴史と未来」という観点から現代に目を向けさせることも、大事な国際教養のひとつと考えているからです。

歴史とは、過去と現在の対話によって、未来を構築することにほかなりません。にもかかわらず、日本では受験にあまり出ないからと近現代史をおろそかにしてきました。これでは、未来を構築する思考力はどんどん落ちていくばかりです。

歴史を知らない者に未来は語れない、と知るべきです。

(2) 一年間の海外留学を義務化

試練を乗り越えて留学するからこそ、意味がある

「世界を舞台に活躍できる人材の育成」を理念とする国際教養大学では、異文化体験を通して培《つちか》われる国際的な視野とセンスを身につけてもらうため、すべての学生に、在学中の

いずれかの時期に、一年間の海外留学を義務づけています。

留学先は、国際教養大学が提携する世界31カ国・地域の111大学（二〇一〇年十一月時点・40、41ページ参照）で、いずれも、その国・地域を代表するトップクラスの大学ばかりです。

たとえば、アジアを例に取れば、韓国ではソウル国立大学、高麗大学、延世大学、中国では南開大学、南京大学、吉林大学、台湾では国立台湾大学、国立政治大学、淡江大学、香港では香港大学、シンガポールではシンガポール国立大学、ナンヤン工科大学など非常にレベルの高い大学が並びます。

どこに留学するかは、学生の希望を調査し、成績、TOEFLスコアなどを総合的に判断したうえで決定します。留学先の提携大学では、その大学の一般学生と同じ授業を受講し、卒業に必要な124単位のうち一年分、25〜30単位を取得します。

世間でよくある短期の語学留学や、留学とは名ばかりの遊学ならともかく、世界のトップクラスの大学で、現地の学生と同じ授業を英語もしくは現地の言語で受け、それだけの単位を取得するのは容易なことではありません。

留学するには、留学先の授業についていけるだけの語学力や、基礎的な学力が不可欠で

北米

【カナダ】(60)ウィルフリッドロリエ大学 (61)ラヴァール大学 (62)マニトバ大学 (63)ビクトリア大学 (64)トロント大学 (65)ウィンザー大学 【アメリカ】(66)ライオンカレッジ (67)カリフォルニア大学バークレー校 (68)カリフォルニア大学デイビス校 (69)カリフォルニア大学サンタクルーズ校 (70)コロラド大学ボルダー校 (71)ハワイ大学マノア校 (72)ノックスカレッジ (73)モンマスカレッジ (74)ノーザンアイオワ大学 (75)ケンタッキー大学 (76)セントメアリーズカレッジ (77)ハムリン大学 (78)セントクラウド大学 (79)ウィノナ大学 (80)ミルサップスカレッジ (81)ニューメキシコ大学 (82)イサカカレッジ (83)ニューヨーク州立大学オスウェゴ校 (84)サザンオレゴン大学 (85)オレゴン州立大学 (86)オレゴン大学 (87)オレゴン工科大学 (88)イースタンオレゴン大学 (89)ウェスタンオレゴン大学 (90)ポートランド州立大学 (91)ディキンソン・カレッジ (92)アーサイナスカレッジ (93)ワシントン・ジェファーソンカレッジ (94)プレスビテリアン・カレッジ (95)ユタ大学 (96)ジョージメイソン大学 (97)ウィリアム・アンド・メアリー大学 (98)ウェスタンワシントン大学 (99)ワシントン大学 (100)ゴンザガ大学 (101)ジョージ・ワシントン大学 (102)ベロイトカレッジ (103)アルバーノカレッジ

オセアニア

【オーストラリア】(104)グリフィス大学 (105)ラトローブ大学 (106)オーストラリア国立大学 (107)シドニー大学 【ニュージーランド】(108)カンタベリー大学 (109)ウェリントン・ビクトリア大学

アフリカ

【エジプト】(110)カイロ・アメリカン大学 (111)カイロ大学

留学可能な提携大学は世界中にある
～31カ国・地域の111大学(2010年11月時点)

ヨーロッパ

【ドイツ】①ルードヴィヒスハーフェン経済大学 ②マンハイム大学 【オーストリア】③ヨアネウム大学 【キプロス】④インターカレッジ ⑤ニコシア大学 【ノルウェー】⑥ベルゲン大学 ⑦オスロ大学 ⑧ノルウェー経済経営大学 【スウェーデン】⑨ストックホルム大学 ⑩リンネ大学 【イギリス】⑪リーズ大学 ⑫エセックス大学 ⑬シェフィールド大学 ⑭アバディーン大学 ⑮グラスゴー大学 ⑯スターリング大学 ⑰エクセター大学 ⑱ニューカッスル大学 【フランス】⑲ESGパリ経営大学院 ⑳ルーアン大学 ㉑トゥールーズビジネススクール ㉒トゥールーズ・ル・ミライユ大学 【スイス】㉓サンガレン応用科学大学 ㉔チューリッヒ応用科学大学 【ポルトガル】㉕カトリック大学 【チェコ】㉖マサリック大学 【ハンガリー】㉗ペーチ大学 【マルタ】㉘マルタ大学 【ロシア】㉙モスクワ国際大学 ㉚極東連邦大学 ㉛モスクワ大学 【ルーマニア】㉜ブカレスト大学 【デンマーク】㉝オーフス大学 【オランダ】㉞アムステルダム応用科学大学

アジア

【中国】㉟南開大学 ㊱南京大学 ㊲武漢大学 ㊳吉林大学 【中国マカオ特別行政区】㊴マカオ大学 【中国香港特別行政区】㊵香港大学 ㊶香港バプティスト大学 【モンゴル】㊷モンゴル人文大学 ㊸モンゴル国立大学 【韓国】㊹高麗大学 ㊺延世大学 ㊻西江大学 ㊼ソウル国立大学 ㊽梨花女子大学 【台湾】㊾淡江大学 ㊿国立台湾大学 (51)元智大学 (52)国立政治大学 (53)開南大学 (54)国立暨南国際大学 【シンガポール】(55)シンガポール国立大学 (56)ナンヤン工科大学 【タイ】(57)チュラロンコン大学 【マレーシア】(58)マラヤ大学 【フィリピン】(59)アテネオ大学

あり、具体的には、以下の条件をすべて満たす必要があります。
○ＥＡＰを修了している
○留学開始の一学期前までに、ＥＡＰ以外で27単位を修得している
○基礎科目をすべて修得し、ＧＰＡが２・50以上ある
○ＴＯＥＦＬで５５０点以上を取得している
これらの要件をクリアしないと、留学は許可されません。

ですから、学生たちは必死です。特に英語が苦手な学生にとっては、ＴＯＥＦＬ５５０点以上というのが大きなハードルになります。ＥＡＰは、ＴＯＥＦＬ５００点までしか面倒を見ませんので、プラス50点は自分で勉強しなければならない。

ＥＡＰを修了すれば、基盤教育が始まります。それを履修しながら、自力で50点積み上げるのは、みなさんが想像されるほど簡単なことではありません。

それこそ、なかにはＴＯＥＦＬスコアが５５０点のわずか2、3点手前で止まってしまって、それ以上なかなか伸びない学生もいます。そうこうしているうちに、友人たちは５５０点をクリアし、先に留学していく。大変なプレッシャーです。

そうした厳しい試練を乗り越えて留学するからこそ、意味があるのです。

多くの学生は、三年次に一年間提携校へ留学します。ただし二年次に早期留学制度を設けており、一定の条件を満たした学生は、時期を早めて一年間留学することもできます。

国際教養大学では、一年を春と秋のふたつのセメスター（学期）に分け、すべての受講科目が一学期（一五週間）ごとに完結する「セメスター制度」を採用しています。欧米の大学では一般的な制度で、これにより四月入学に加え九月入学も可能になっています。

九月入学は、優秀な学生確保には大変有益な制度で、海外へ留学する学生、留学から帰国する学生、日本へ留学する外国人留学生、いずれにとっても好都合な制度です。

日本の大学のグローバル化にとって必要な条件は、セメスター制度と九月入学の導入だと言ってもよいでしょう。

また国際教養大学では、単位互換システムを有効活用できるように、カリキュラムに「インターナショナル・コード（国際コード）」をつけています。たとえば、100番台は入門コース（introductory courses）、200番台はベーシック・エデュケーション（basic education）あるいはファンデーション・コース（foundation courses）、300番台はアドバンスト・スタディズ（advanced studies）、400番台は一年間の留学から帰国した学生のための応用コース（application of skills）などとなっています。

国際コードを用いている大学は、日本では限られますが、こうやってグローバル・スタンダード（国際標準）に合わせておけば、留学先での履修科目が選択しやすいし、国際教養大学へやってくる外国人留学生も、来日前に自分で履修科目を編成できます。

なお留学費用については、国際教養大学に授業料（年間53万5800円）を納めることで、留学先大学の授業料が原則免除になります。年間授業料が200～300万円もかかるアメリカやカナダの大学でも、国際教養大学に納める授業料だけで留学できます。

ただし、授業料以外に必要な経費（渡航費、海外旅行傷害保険、寮費、食費、教材費など）は自己負担。また留学先大学では、学生寮への入寮を原則としています。

このような制度を保証するために、提携大学との事前折衝には、学長以下担当の教職員が精一杯の努力をしています。

世界を知る喜びと難しさ

一年間の海外留学は、学生たちに多様な価値観を育み、人間的な成長を促します。さまざまな文化や価値観に触れることで、彼らは世界を知る喜びと難しさを肌で感じます。そして、世界を鏡にして、自分について、また日本について深く考えるようになります。厳しい留学要件をクリアしてまで海外留学する意味は、まさにこの点にこそあります。
アメリカのケンタッキー州に留学したある学生は、言います。
「留学先には、日本の自動車メーカーの大きな生産拠点があって、多くの雇用や税収を生み出している。それによって現地の人たちは、日本人である私に対して、とても好意的に接してくれた。日本がいままでやってきたこと、日本のものづくりや日本の先人たちが切り開いてきたことのすばらしさを実感できました」（愛知県出身、三期生）
また、モンゴルのウランバートルに留学したある学生は、いびつな経済発展とそれにともなう極端な格差社会について、こう述べています。
「勝ち組と負け組にすっかり分かれていて、朝青龍の一族みたいな成功者がいるいっぽうで、都市に憧れつつ、ゲルで牧畜生活をしている人がインターネットを使い始めている。それがモンゴルの現実。日本の幸せを再認識しました」（岩手県出身、専門職大学院生）
異国の地で学生たちが紡《つむ》ぎあげる「留学物語」は、それぞれ行き先も違いますから、当然、ひとりひとり異なります。民族、文化、宗教、習俗……。いままで知らなかった新鮮な驚きもあれば、目を背《そむ》けたくなるような過酷な現実もあるかもしれない。けっして楽しいことばかりではないし、むしろ最初は、とまどうことのほうがずっと多いはずです。

留学生が直面する困難で、特に多いのは、
①英語の授業についていくのが、大変（課題が準備できない）
②クラスメイトとうまくコミュニケーションが取れない
③ルームメイトや下宿先での生活面のトラブル
などです。なかでも語学力の問題は、誰もが最初にぶつかる壁です。
留学を経験した学生は言います。
「最初は、ほんとに英語ができなくて……。先生の英語はまったく聞き取れないし、自分の意見もまるで言えない。自分から発言しなければ、誰も相手にしてくれないし、友人もできない。だから、むこうでも必死で英語の勉強をしました」（愛知県出身、三期生）
「グループ・ディスカッションで発言しないと、存在そのものが無視されちゃって、いないものとして授業が進んでしまう。これならわかると思って話に入ろうとしても、速すぎてついていけない。わかっているのに入っていけない。話そうと思ったときには、もう別の話題になっている。つらかったし、屈辱でした」（秋田県出身、三期生）
TOEFL550点をクリアしていても、最初はそうです。
でも、それはある意味、しかたがない面もあるのです。留学先の大学は、いずれもその国や地域でトップクラスです。こちらで基礎科目を修了しただけで、そうした一流大学の三年や四年に入るのですから、授業のレベルが高いわけです。しかも、ネイティブのナチュラルスピードです。教授は、日本人だろうがなんだろうがおかまいなし。ついて来られない学生は、単位を落とすだけの話ですから。

「これで、25～30単位も取れるんだろうか……」と、誰もが不安にかられます。

そこで学生たちは、必死に自分なりのコミュニケーションをはかります。たとえば、授業対策では、先生を訪ねて「さきほどの○○について、もう一度説明してください」「レポートの提出を一日待ってもらえませんか」などとお願いする。クラスメイトやルームメイトには、「今日パーティーに行くなら、ぼくも一緒に連れてって！」と話しかけて、友だちになるように努める。自分から動かないことには、どうしようもないのです。

もともと日本人はおとなしいし、きれいな英語を話そうとしすぎます。他の非英語圏の人たちは違います。文法なんて気にせずに、言いたいことを言う。極端に言えば、単語を並べただけの英語です。それでも通じるのです。日本人に必要なのは、そういう図太さなのです。

留学した学生は、追い詰められてそれに気づきます。そして、思いきって勇気をふるい知恵を絞って、何とかして人間関係を築くなかで、すこしずつ英語力を磨き、最終的にはちゃんと25～30単位を取得して、帰ってくるのです。

留学から帰ってきた学生は、誰もがみな見違えるほどたくましくなっています。それは誰にも頼れない異国の地で、ひとりで苦労し、そこから這い上がり、苦難を乗り越えてきたという体験が、なにものにも代え難い自信を学生たちに与えるからです。

留学での苦しみは、最高の語学勉強であり、人生経験なのです。

(3) 留学生と一緒の寮生活

留学生と過ごす寮生活は、海外留学の予行演習

国際教養大学は、秋田市郊外の小さな大学ですが、先述したように世界31カ国・地域の111大学から、毎学期一〇〇人以上の外国人留学生が訪れ、学んでいます。

留学生の出身大学・所在別で一番多いのは、アメリカ（三八人）で、以下イギリス（八人）、カナダ（六人）、台湾（六人）、韓国（五人）、フランス（四人）、オーストラリア（四人）、中国（四人）、ノルウェー（三人）、ロシア（三人）と続きます。

国際教養大学では、新入生に対して入学後一年間、キャンパス内の学生寮（こまち寮）

一年生が必ず入寮する、こまち寮とその部屋。留学生との共同生活は何よりの異文化交流

への入寮を義務づけています。ここで新入生は、全国各地から集まる新入生に加え、世界中から集まる外国人留学生とも、一緒に生活することになります。

「いまどき、なぜ学生寮?」と思われるかもしれませんが、それも大切な国際教養教育の一環と考えています。キャンパスに「世界の縮図」の異文化共生空間を創造し、日常的に、国境を越えた異文化体験をしてもらうのが目的だからです。

他の新入生や外国人留学生との共同生活は、社会性やコミュニケーション能力を身につける場であるばかりか、日本にいながら異文化交流を体験できる何よりの国際交流の舞台です。外国人留学生と部屋をシェアすることも多く、その場合は生活をともにすることで、さらに一歩踏み込んだ異文化交流が体験できます。

実際に外国人留学生と部屋をシェアした学生の話を聞くと――。

「いまアメリカ人の女の子と一緒なんですけど、お風呂の排水口にたまる髪の毛をぜんぜん取ってくれない。たまにはお願いねって言うのが大変でした」(北海道出身、七期生)

「ルームメイトはアメリカ人の男性で、けっこうスポーツとかやってるのに、お風呂に三日に一回くらいしか入らない。だから、ものすごく部屋が汗臭くて。しばらく我慢してたんですけど、あるとき、運動すると汗かくよねって遠回しに言ったら、わかったみたい

で、それから毎日お風呂に入ってくれるようになりました」（福岡県出身、六期生）
「アメリカ人の男性と一緒に住んでいたんですが、洗濯ものを平気で二、三週間ためるんです。さすがに臭うので言いました。これ、何とかしようよって」（北海道出身、六期生）
留学生との共同生活は、このように窮屈に感じることもあるでしょうが、そうやってさまざまな生活習慣や価値観に触れることで彼我の違いを知り、そのうえでコミュニケーションをはかって問題を解決するのです。また、それまで親がかりできた自分自身を見つめ直す、よい機会になったりもします。
学生が海外に留学する際、留学先の大学では、原則として学生寮に滞在します。入学から一年間、留学生と過ごす寮生活は、海外留学のための予行演習にもなるのです。
なお寮費は、年間43万3000円。内訳は、住居費＝ワンルーム7・5畳で年間23万円、食費＝年間20万円、退去時清掃費＝3000円です。住居費には、光熱費、水道費、インターネット接続料金が含まれます。また、食費は一日三食、春学期と秋学期の二学期分です（二〇一〇年十二月時点）。

キャンパスに異文化共生空間を創造する

学生は、一年間の寮生活を終えると、それぞれアパートを探します。多くの学生は、キャンパス内の学生宿舎（ユニバーシティ・ヴィレッジ、グローバル・ヴィレッジ）に居住することを希望します。

秋田市内から通う学生もいますが、学生宿舎は雪の降る冬場の通学を考えた場合、近くて便利ですし、敷金・礼金不要なので、金銭的負担も少なくてすみます。このため、約8割の学生はオン・キャンパス（寮と学生宿舎）で大学生活を過ごします。

家賃は、ユニバーシティ・ヴィレッジ（10畳）のふたり部屋でひとり当たり月1・6万円、グローバル・ヴィレッジのひとり部屋（5・2畳）で月3万円、ふたり部屋（7・5畳）でひとり当たり月1万7000円です（食費、光熱費などは含まれない）。

当初は、こうしたキャンパス内居住の大学生活に対して、疑問を呈する声が少なくありませんでした。特に全寮制については「いまどきの若者は、寮になど入りたがらない。寮生活を義務化したら、そっぽを向くに決まっている」と強く反対する声もありました。

しかし私は、全寮制を譲りませんでした。むしろ、そうであるなら、なおのこと人生の早いうちに集団生活を経験させるべきだと思いました。

キャンパス内の学生宿舎、グローバル・ヴィレッジ(上)と
ユニバーシティ・ヴィレッジ(下)

寮は共同生活です。しかも日本人だけでなく、世界中から集まった外国人留学生もいます。人種も国籍も性別も異なる異文化共生空間で、学生たちはルールやマナーを守ることの大切さを学び、ひとりひとりが寮の一員として自覚を持って生活する必要があります。相手が留学生の場合、言葉の壁や生活習慣の違いがありますから、ちょっとした誤解や行き違いから思わぬトラブルになることもあるでしょう。意見が大きく対立することだってあるはずです。しかし、さきほどの学生たちの声が示すように、そうした場面こそ問題解決能力や交渉力、状況判断力といったものを身につけていく絶好の機会なのです。

寮での日々の生活そのものが、「学び」の場になっているのです。

(4) 進級・卒業の厳しさ

GPA(累積成績評価平均点)による休学・退学勧告

日本では四年制大学への進学率は、すでに50%を突破し、望めば誰でも大学に入れる「ユニバーサル化」の時代に突入しています(二〇〇九年度で56・2%)。

日本の大学は、その対応に苦慮していますが、ひと足先にユニバーサル化を迎えた欧米では、さまざまな対策が講じられています。なかでも、有力な対策として広く採用されているのが、一章でも触れたＧＰＡ（累積成績評価平均点）です。

日本の大学では従来、優（Ａ）、良（Ｂ）、可（Ｃ）、不可（Ｄ）で、成績を評価をしてきました。それに対してＧＰＡは、それぞれの教科の単位数と成績をもとに、学生の成績を評価します。欧米ではこのＧＰＡで学生を評価し、一定基準を満たさない場合は留年させ、それでも所定の成績を残せないときは退学させるのがふつうです。

このため成績が上がらず、「この大学に自分は向いていない」と思えば、自ら別の大学や外国の学校へ移る学生もいますし、「どうしても、この大学で勉強を続けたい」と思えば、進級のためのＧＰＡ評価の基準を満たすために、必死で勉強します。つまり、勉強したい学生にとっては、ＧＰＡが勉強するための刺激剤になっているのです。

国際教養大学では、このＧＰＡを二〇〇四年の開学時から採用しています。学生の成績は基本的に、次の12段階で評価します（57ページ上参照）。

合格して所定の単位がもらえるのは、Ａ+からＤまで。またＧＰＡの評価は、Ａ+からＦの各評価段階に４・00から０・00までの評価点をつけ、履修科目の単位数に評価点を掛けた数を合計し、単位数の合計で割った数を、小数点第３位で四捨五入して求めた数値で行ないます（57ページ下参照）。

国際教養大学では、このGPAで進級や卒業の可否を判断しています。四期連続でGPAが2・00を下回った場合はアドバイザーとの定期的面談が義務づけられ、向上しない、意欲が見られないなどの場合は休学や退学勧告になることもあり、運用はシビアです。

ユニバーサル化対策として、最近は日本でもGPAを採用する大学が増えていますが、大半は奨学金支給の基準にする程度で、進級や卒業の判断基準にまで利用しているところはきわめて少なく、国際教養大学のような厳格な運用は、稀《まれ》です。

力をつけた学生だけを卒業させる

さいわいなことに、これまで退学の勧告は出ていませんが、四年間でストレートに卒業する学生は50％程度にとどまります（二〇〇九年度は51・2％）。「力をつけた学生だけを卒業させる」という方針を徹底すれば、自ずとそうなるのです。その証拠に、アメリカのハーヴァード大学などでも、卒業率は50％程度です。

ところが日本の大学は、一度受かってしまえば、よほどのことがない限り四年で卒業できます。卒業率は90％を超えます。本人が退学を希望しない限り、力がついていようがいまいが、ところてん式に社会へ押し出して、それでおしまいです。ＯＥＣＤ諸国、つまり

成績の評価法（12段階）

成　績 (Grade)	成績点 (Score)	評価点 (Grade Point)
A＋	100	4.00
A (Excellent)	95 ～ 99	4.00
A－	90 ～ 94	3.70
B＋	87 ～ 89	3.30
B (Good)	83 ～ 86	3.00
B－	80 ～ 82	2.70
C＋	77 ～ 79	2.30
C (Satisfactory)	73 ～ 76	2.00
C－	70 ～ 72	1.70
D＋	66 ～ 69	1.30
D (Poor)	60 ～ 65	1.00
F (Failure)	59 or lower	0.00

GPA（累積成績評価平均点）の算出方法

履修科目例 (Course)	成　績 (Grade)	評価点 (GP)	単位数 (Crds)	換算値 (GP×Crds)
英作文Ⅰ	A	4.00	3	12.00
代数学	C	2.00	4	8.00
言語学	B	3.00	3	9.00
中国語Ⅰ	B	3.00	2	6.00
国際関係論	A	4.00	3	12.00
計			15	47.00

GPA：47.00÷15≒3.13

※小数点第3位以下は四捨五入

先進国のなかでは日本が例外的に90％を超えているのです。

大学がこんなことをやっていたら、国際レベルの人材など育つはずがありません。ですから、国際教養大学では、卒業要件を満たすまで徹底的に学生を鍛えます。力のない者は進級させないし、卒業も許しません。そうした大学の方針は、受験情報などを通じて周知されているので、学生もそのつもりで入学していると思います。

それでも私は、入学式などの機会にこう言っています。

「何も四年で卒業する必要はありません。『国際教養』をしっかり身につけていれば、就職は大丈夫です」

⑸ 少人数教育ときめ細かなサポート

少人数制だからこそ、自分で考え、主張する能力が育つ

国際教養大学ならではの大きな特徴のひとつに、少人数による米国式の授業があります。参考までに、二〇〇九年秋のデータをあげれば、

○学生専任教員比率／15対1

○学生数が五〇人以上の授業比率／２・３％

○学生数が二〇人未満の授業比率／78％
○一科目あたり平均登録学生数／一五・三人
こうした一クラス一五人程度を基準とする授業は、教員と学生のコミュニケーションの機会を増やすのはもちろん、ディベートやディスカッション、プレゼンテーションへの参加を通じて、自分で考え、主張する能力を磨いてくれます。ちなみに五〇人以上のクラスは、全学必須の「グローバル研究概論」などに限られています。

マンモス私立大学などでよく見られる、何百人も入った大教室でひたすら教員の話を聴くだけの講義とは真逆の密度の濃い授業が受けられます。友人に代返や出席カードの提出を頼むようなつまらないマネはできないし、もとより、そんな学生は入ってきません。

国際教養大学の門をくぐるのは、その多くがオープンキャンパスで模擬授業を体験し、

「こういう少人数の授業なら、受けたい」

「絶対、自分の力になる」

「自分を伸ばせる」

そう考え、憧れを持った学生たちです。当然、意欲も高いし、向上心も旺盛です。だからこそ、少人数教育の効果も大きく、彼らもまた、どんどん成長していくのです。

少人数教育を担《にな》う専任教員は、半数以上が外国人です。教員人事は、原則すべて公募で当初は約二〇名の採用に、世界中から五六七名の応募がありました。なかには、ケンブリッジ大学で博士号を取得するなど経歴上は申しぶんのない人もいました。

ただし、よくよく調べてみると、その博士論文は航空機業界に関する非常に特殊なテーマで、研究者としては優秀かもしれないけれど、実際に学生を教えるのは無理だろうということで、ご遠慮いただいたりもしました。

最終的には書類選考で六〇人ほどに絞り込み、面接をし、模擬授業もやってもらって、合否を決めました。いまでも採用に当たっては、どれほど有名な偉い先生であっても、必ず模擬授業をやってもらい、そのうえで決めるようにしています。

そうやって全世界から公募した教員は、みなさんトップクラスの人材ばかりです。

さらに言えば、外国人留学生が多いこともあって、学生生活を支える職員も高い英語力を備えた優秀な人材ばかりです。最高95倍の狭き門を突破して採用された人たちで、英語の話せる職員がほとんどいない、他の国公立大学とはまるで違うのです。

なお、日本で大学改革が進まない大きな原因のひとつは、教員（教授会）にあります。この点については、国際教養大学の取組みも合わせて、三章で改めてお話しします。

授業風景。聴くだけではなく、発言・発表も英語でしなければならない

学ぶ意欲のある学生は、とことん支援する

もうひとつ、国際教養大学の大きな特徴をあげれば、かゆいところに手の届く面倒見のよさがあります。学生ひとりひとりをサポートする学習支援策には、次のようなものがあります。

①アカデミック・アドバイジング・システム（Academic Advising System）

学習目標は、個々の学生によって違います。その目標を着実に達成するため、アドバイザーとして学生ひとりひとりに専任教員を割り当て、学習計画の策定や留学先国・大学の選定、専門教養教育の選択、卒業後の進路など、さまざまな問題や相談に対処します。少人数教育の小規模大学だからこそ可能な、きめの細かいサポート体制です。

②学習達成センター（Academic Achievement Center）

二〇〇九年四月に設置されたこのセンターでは、大学院生のティーチング・アシスタントや学部生のピア・チューターが、苦手な英作文やＴＯＥＦＬ、数学などの個別指導や補習を行なうとともに、専任教員のコーディネーターが、学習上のさまざまな相談に応じて

います。また、ＧＰＡが一定の基準を下回ったり、ＴＯＥＦＬスコアが基準に満たない場合は、その学生を特別な支援が必要な学生と判断し、ケアする仕組みもあります。

③異文化言語学習センター（Language Development and Intercultural Studies Center）

外国語を効果的に自主学習するための施設で、英語、中国語、韓国語、モンゴル語、ロシア語、フランス語、スペイン語などの開講言語に加えて、イタリア語、ギリシャ語、タイ語などの各言語について、パソコン、ＤＶＤ、音声つき書籍、ワークブック、ゲーム、衛星放送といった多様な教材を取り揃えています。

④24時間365日開館の図書館

木造と鉄筋コンクリートの複合建築、地上二階建て。カバー写真でもわかるように、半円コロシアム風のユニークなデザインで、支柱と天井の梁《はり》に秋田杉を使い、独特の木のぬくもりを演出しています。この図書館は、「いつでも勉強する場を提供したい」との思いから、開学以来、24時間365日、眠ることなく学生たちを受け入れています。

なお、仙田満《せんだみつる》東京工業大学名誉教授らの設計による個性的なデザインは、二〇〇九年度の日本建築家協会賞に続き、シカゴ建築・デザイン博物館（The Chicago Athenaeum）とヨーロッパ建築アートデザイン都市研究センター（The European Center for Architecture Art Design and Studies）が行なっている国際建築賞２０１０（International Architecture Awards 2010）など、その栄誉にも輝いています。

学びたい意欲のある学生は、とことん支援する――。

これらの学習支援策は、世界で活躍できる人材育成にかける国際教養大学の、いわば心意気を象徴するものです。

しかし、こうした施策を実現するのは、容易なことではありませんでした。何しろ24時間３６５日、図書館を開館するだけでも、大変な抵抗があったからです。国際教養大学は、いかにしてそれを乗り越え、秋田の地で「最先端の大学」と呼ばれるようになったのか――。

三章では、日本の大学が抱える問題も含めて、その経緯についてお話しします。

三章

日本最先端の大学を秋田に作る

世界標準の斬新な大学

国際教養大学は、秋田市郊外の広大な森のなかにあります。キャンパスの近くの小径《こみち》を歩けば、みごとな桜並木や落葉樹の林、水芭蕉の群落などがあって、春には可憐な花弁、秋には色鮮やかな紅葉など、四季折々に美しい景色を堪能できます。

気の向くままのんびりとその小径を散策するのは、都会では味わうことのできない、私にとって何よりの癒《いや》しであり、贅沢な時間となっています。

私が、この美しい秋田の地と深い関わりを持つようになったのは、いまからちょうど一〇年前の二〇〇〇年四月のことです。

当時、私は東京外国語大学の学長でしたが、秋田県の副知事だった板東久美子《ばんどうくみこ》氏（現・文部科学省生涯学習政策局長）から、「秋田県に、国際系の大学を作る計画がある。ぜひ、リーダーシップを発揮して協力してほしい」との依頼があり、「国際系大学（学部）検討委員会」の委員長を引き受けることになったのです。それが始まりです。

もともと秋田県雄和町には、県や地元の誘致で一九九〇年に開学したミネソタ州立大学機構秋田校という学校がありました。ところが前述のように、この学校は日本の大学としては認定されず、学生不足から二〇〇三年度で廃校になってしまった。多額の税金を投入

緑に囲まれたキャンパス。勉強は大変だが、なごやかな雰囲気がただよう

していた秋田県は、アメリカ式教育の実績や校舎などの資産を何とか生かせないかと考え、国際系大学の新設構想を立ち上げたわけです。

これを推進したのは、改革派の寺田典城《てらたすけしろ》知事（現・参議院議員）でしたが、少子化で18歳人口が減少するなか、ほんとうに学生は集まるのかと県議会の反対にあい、一度は構想が頓挫《とんざ》します。それが再始動するのは、知事選で寺田知事が圧倒的な支持を集めて、再選をはたしてからです。

二〇〇二年三月、構想実現のため「国際系大学（仮称）創設準備委員会」が設置され、私は、再びその委員長を仰《おお》せつかりました。メンバーには、公立の宮城大学初代学長・野田一夫《のだかずお》氏、多摩大学で学長を務めたグレゴリー・クラーク氏などの大学関係者に加え、秋田県出身で元・国連事務次長の明石康《あかしやすし》氏など、高等教育の現状に危機感を持ち、改革の意欲に溢れる方々に集まっていただきました。

創設準備委員会では、先の検討委員会の議論をベースに、二十一世紀の国際社会で活躍できる人材を育成するには、卓越した英語力と幅広い教養が不可欠であり、そうした大学を作るにはどうすればいいか、さまざまな議論を重ねました。めざしたのは、これまでの日本にはない、グローバル・スタンダードの斬新な大学でした。

日本の大学が抱える深刻な問題

私は、それまで長く大学教育の世界に身を置いてきました。大学教員として、東京外国語大学やカリフォルニア大学サンディエゴ校の大学院で教鞭を執ったほか、東京外国語大学の学長として、大学運営にも携わってきました。

その経験から、日本の高等教育や大学運営のあり方には、宿痾《しゅくあ》とも言うべきさまざまな問題があることを痛感してきました。なかでも、

①世界で活躍できる人材を育成できない

②大学改革が遅々として進まない

というふたつの問題は、きわめて深刻であり、以前から中央教育審議会での議論などを通じて、改革の必要性を強く訴え続けてきました。

①は主に教える中身の問題、②は主に人事の問題です。さいわい創設準備委員会のメンバーには、これらの問題意識を共有していただき、新設する国際系大学では、どう対処するかを軸に議論が進められました。

日本はなぜ、常任理事国になれないのか

グローバル化が急速に進む今日にあって、世界で活躍できる人材を育成できないというのは、日本の将来にとって大問題であり、まさに由々《ゆゆ》しき事態です。

なぜ、こんなことになってしまったのか？

大きな理由はふたつあります。ひとつは英語教育の問題です。いまや国際共通語となっている英語教育がお粗末で、中学、高校、大学と一〇年間英語を勉強しても、まともに話せる人があまりにも少ない。大学を出て英語で仕事ができる人（ＴＯＥＦＬスコア６００点以上）は、わずか１％にも満たないのです。

日本は、ありとあらゆる分野の国際会議に、多くの専門家が参加しますが、いざ議論となったとき、発言する人はほとんどいません。英米文学の権威とされる人や英語の辞書を作っている有名な先生たちでさえ、海外のシンポジウムなどでは、なるべくしゃべらなくていいように小さくなっているという現実があります。

英語を生業にしている学者ですら、そうなのですから、いかに日本の英語教育が実用的でないか、おわかりいただけると思います。テキスト中心の弊害で、読めても話せない・聴けない「役立たずの英語」なのです。

その点、同じアジアの非英語圏でも中国や台湾、韓国、マレーシアなどの人たちは、流暢《りゅうちょう》でなくても、どんどん英語で発言します。文法のまちがいなど恐れず、極端に言えば、単語を並べただけのような英語で、自分の考えを表明します。それでも何が言いたいかは、だいたいわかります。コミュニケーションとして通じる英語を話しているのですから、彼我の差は、あまりにも大きいと言わざるを得ません。

以前、『ニューズウィーク国際版』の編集長だったF・ザカリア氏の「日本は、なぜ安保理の常任理事国に入れないか」という実に興味深い論考を読んだことがあります。氏は言います。日本の国連分担金は世界第二位で、英・仏・露・中の合計額より多い。にもかかわらず、日本が安保理の常任理事国になれないのは、外交官が官僚的で霞ヶ関のほうばかり見ており、国際政治上の外交戦略に欠けるうえに、英語によるコミュニケーション能力が劣るため、国際会議の場で積極的に日本の戦略・戦術を行使できないからだ、と。

耳の痛い、鋭い指摘ですが、同感です。

世界と伍《ご》してグローバル化社会を生きていくには、役立たずの旧態依然の文法至上主義の英語から脱却し、英語教育の発想と方法を、根本から変えていく必要がある——。

世界で活躍できる人材を育てるには、何をおいてもそれをやらなければならない、というのが、創設準備委員会の総意であり、私の決意でした。

一九九一年以降、日本の大学から教養教育が消えた

世界で活躍できる人材を育成できないもうひとつの理由は、教養教育の不在にあります。グローバル化が急速に進む二十一世紀は、これまで以上に知識が重視される「知的基盤社会（knowledge based society）」の時代と言われています。

ここで言う知識とは、外国語はもとより、政治、経済、歴史から数学、科学、芸術まで社会のあらゆる領域に及ぶ幅広い教養であり、特定の分野の専門性とは違います。グローバル化する時代にあっては、国際共通語の英語力と広く深い教養は必須なのです。ところがその教養教育が、いまや日本の大学ではほとんど行なわれていません。なぜか？

ひとつには、一九九一年以来の大学設置基準の「大綱化」によって、一部の例外を除き、高等教育の基盤をなすべき大学の学部教育から、教養教育がほとんど消えてしまったからです。

幅広い教養を身につけることは、人格の形成や人間性の涵養《かんよう》、つまり自己発見のプロセスそのものであり、かつては、日本にも旧制高校に見られるような優れた教養教育の伝統がありました。それは戦後になっても、新制大学の一般教育や教養部、東大の教養学部などに、少なからず受け継がれてきたのです。

しかし、そうやってかろうじて命脈を保ってきた教養教育の伝統が、「大綱化」によってほぼ断たれてしまったのです。たとえば、教養教育の重要な一環である外国語教育は、多くの大学で時間数が減らされ、外国語選択の多様性も著しく失われています。

大学の学部教育から教養教育が消えた理由は、ほかにもあります。教養教育の担当教員と専門教育の担当教員の差別待遇、さらには、それを助長した大学院重点化の動きです。

教養教育の担当教員と専門教育の担当教員とでは、教養教育の担当教員のほうが下に扱われ、肩身の狭い思いをしていました。

たとえば、基礎教養の語学を教える先生と専門的な企業会計を教える先生とでは、企業会計を教える先生のほうが給料が高い。両者の間には明確な給与格差があって、専門教育の担当の先生のほうが優遇されているのです。

しかも国が、内実をともなわない形ばかりの大学院重点化を進め、博士課程の教員手当を増やしたため、学部の教員が大学院に所属を移すケースが急増しました。給料はよくなるし、大学院で教える「大学院教授」という肩書きも魅力だったのでしょう。

しかし、そんな肩書きは日本でしか通用しません。学部で教えようが、大学院で教えようが、大学教授は大学教授で、それが世界の常識です。にもかかわらず、大学教員自ら、国際的にはまったく通用しない奇妙な肩書きをありがたがる。そこには、学部の教養教育をないがしろにしてきた、この国の高等教育の宿病《しゅくびょう》が象徴的に現われています。

大学の学部における教養教育は、こうして一気に空洞化が進みました。その結果、学生たちは、自己発見のための広く深い学問的素養を身につけることなく、入学早々、専門教育の小部屋に押し込められ、もっぱらスキルや資格の取得に励むようになります。デカルトも、パスカルも、夏目漱石《なつめそうせき》も、知らないままに専門科目の勉強に入っていくのです。

このため、いまでは国際協力論を専攻していながら、世界史の基本的な知識もないとか、生物学や倫理学の素養もないまま、臨床医学に進むような学生が増えています。教養には、哲学や倫理学なども含まれます。そういう重要な学問を、いとも簡単に捨ててしまっている。

実に嘆かわしく、また恐ろしい話と言わざるを得ません。

知的土台がなければ、高度な専門性は身につかない

教養教育不在の学部教育を是正するには、大学院も含めた高等教育全体の見直しが必須です。二十一世紀の知的基盤社会を考えた場合、高度な専門的知識は、あらゆる分野で求められます。そのためにも、大学院のはたす役割はきわめて大きいと思います。

だからこそ大学院の重点化政策も行なわれてきたのですが、では、それにふさわしい教育機関としての機能を――たとえば、アメリカの博士号（Ph.D.）に相当する博士学位の授与機関としての機能を――日本の大学院は十全にはたしてきたかと言えば、否と言うしかありません。人文・社会系の優秀な人材の多くは、欧米のトップクラスの大学に行って、学位を取得していることにそれが示されています。

彼らが欧米のトップクラスの大学をめざすのは、それだけ教育機関として優れており、ありていに言えば、日本で学位を取るより、世界的に見てはるかに値打ちがあるからです。

私は、かつてカリフォルニア大学サンディエゴ校の大学院で、アジアの国際関係や中国問題を毎週三時間、修士・博士課程の二〇人ほどの学生を相手に英語で教えましたが、英語での授業という点を差し引いても、想像以上にエネルギーを使いました。

かの地の学生は、日本の学生とは比べものにならないほど勉強します。宿題が多く、一晩で本を2、3冊読むのはザラですし、授業では活発に議論し、鋭い質問もどんどん飛ばします。学ぶのに必死であり、そうでないと単位も取れないようになっているのです。だから、授業はいつも教員と学生の真剣勝負。遅刻や休講などもってのほかで、非常に緊張感があります。教えるほうも、本気で向き合わざるを得ないのです。

それは、大学教員として得がたい経験でしたが、もうひとつ、日本の大学との違いとして強烈に心に残ったことがあります。それは、学位を取ることよりも、学位を取るためにいかに学ぶか、学ばせるか、そのプロセスをとても大事にしている大学院のあり方でした。

一言で言えば、本気で、真剣に学ばせるのです。

ひるがえって日本の大学院は、ゼミに出席して、二、三回レポートを出せば単位が取れます。あとは論文を書いて提出するだけで修了です。しかも必要な取得単位にしても、学士課程124単位に対して、大学院は博士課程を含めてもわずか30単位です。

学位を取るプロセスとして、これはどう考えても安易です。このままでは、欧米の一流大学の大学院で勉強した人材との差は、ますます広がるばかりでしょう。

こうした状況を改めるには、欧米の一流大学並みに、大学院教育を実《み》のあるものにしなければなりません。それには、学士課程の教養教育の充実こそが必要です。

高校を卒業したばかりで、世の中のこともよくわからない学生を、いきなり専門の狭い学問領域に押しやるような教養不在の学部教育をしていたのでは、高度な専門性を身につけるためのベースとなる、広く深い知的土台など築けるはずがないからです。

語学力も含めて幅広い教養がなければ、高度な専門性は身につきません。学部での教養教育の再生がないまま、大学院の充実を求めても、成果は知れています。

エリートの育成

大学の学部では、外国語も含めた教養教育をしっかり修め、知的土台を築く。大学院ではそれをベースにさらに高い専門性を身につける――。それこそ、あるべき高等教育の姿であり、そうやって、日本は世界標準のエリートを育成していくべきです。

かつて外務省のキャリアには、東大法学部中退という人がかなりいました。在学中に外交官試験に合格し、卒業を待たずに外務省入りしたのです。外交官試験は難関でしたから在学中に突破するのは大変な名誉であり、彼らはエリート中のエリートとされました。

しかし、そんな日本の霞ヶ関だけで通用するような内輪の身分は、何の意味も持ちません。世界で活躍しようと思ったら、外交官はもとより、どのような分野であっても、いまや学位（Ph.D.）を持っているのがあたりまえで、そうでなければ国際社会で通用しない時代になっているからです。その意味では、かつては通用した、そうした日本的な高等教育のあり方が、いまでは完全に、世界標準から外れてしまっているのです。

日本では、四年間で大学を卒業するとすぐに就職するのがあたりまえになっていますが、世界を見れば、もはやそんな時代ではありません。官僚として国際社会での活躍をめざすなら、大学院でじっくり高度な専門教育を受けるべきだし、いまではそれが世界標準なのです。

エリート教育というと、すぐに選別的でけしからんと批判する向きがありますが、それこそまさに、戦後の悪しき平等主義であり、ゆとり教育はまさにその極致です。

たとえば中学生の英語教育でも、英単語は基本語は１００ほど、派生語などを入れても４００程度しか教えなくなってしまっていた。これでは、英語の勉強になりません。お隣の韓国では、高校までに３０００～４０００くらい教えています。話にならないのです。

優れた人材は伸ばすべきだし、努力して大きな成果をあげた人は、ちゃんと表彰すべきです。余談ながら、国際教養大学では、成績優秀で卒業する学生には、その証《あかし》（順にsumma cum laude, magna cum laude, cum laude）を、学位記に記載しています。アメリカの大学では、それが一般的です。

二十一世紀の知的基盤社会を日本が生き抜いていくには、卓越した語学力と幅広い教養をベースに、高度な専門性を身につけた世界標準のエリートの育成が不可欠です。

米国の場合、たとえば、ハーヴァード大学の大学院に行くような優秀な人材は、教養教育を行なうリベラル・アーツ（Liberal Arts）のカレッジから多数入学します。専門的な学問を学ぶ前にみんな教養と格闘しているのです。ところが、日本の大学生はコンピュータを動かすのは上手でも、教養と真剣に格闘した経験があるかといえば、ほとんどない。

教養は、たんに知識の量ではなく、人格形成とも深く関わっています。教養と格闘するからこそ個性的な自己発見があり、それが高い専門性の獲得、ひいては世界で通用するエリートの育成へとつながるのです。教養教育の大切さは、まさにその点にこそあります。

私は、国際的な単位互換によってアジア太平洋地域の大学交流を促す、アジア太平洋大学交流機構（UMAP）の初代国際事務総長を一〇年間務めていました。

そのとき、シンガポールやオーストラリアなどの高等教育の取組みに、大きな衝撃を受けました。彼らは、自国の高等教育を二十一世紀の重要な「輸出産業」と位置づけ、優秀な留学生を積極的に招いていました。そして、大学の自主財源確保の一助にしようとしていたのです。

つまり、シンガポールやオーストラリアなどは、優れた自国の高等教育を世界に売っているわけです。留学生市場における国際競争は、欧米だけでなく、こうしたアジア太平洋地域の国々の参入もあって、いまや激化の一途をたどっています。

そこで日本が存在感を示すには、学部＝教養教育、大学院＝高度な専門教育という棲み分けを明確にし、世界の舞台で活躍できる世界標準のエリートを育成できるような高等教育の仕組みを、再構築する以外にないのではないかと思います。

明治維新で近代化に成功したわが国には、かつて孫文《そんぶん》、魯迅《ろじん》、周作人《しゅうさくじん》、周恩来《しゅうおんらい》、蔣介《しょうかい》石《せき》、李登輝《りとうき》など、歴史に名を残した中華世界の著名人が数多く留学しています。アジアの多くの優秀な若者が、まず日本に学びに来た時代もあったのです。それを思い起こすべきです。

ただし、「日本人の教員が、日本の学生だけを相手に、日本語で授業する」のがあたりまえの、言ってみれば「知の鎖国」としか言いようのない高等教育を続けている限り、優秀な留学生に、日本の大学へ来てもらうのはきわめて難しいでしょう。

世界標準とはほど遠い「知の鎖国」からは、一刻も早く脱却しなければなりません。さもないと日本の高等教育は、ますます世界から置き去りにされてしまいます。

創設準備委員会の議論では、この点についても強い危機感を共有し、「新設する国際系大学は、学士課程で英語教育も含めて教養教育を徹底して行なう」との方針を明確にしていきました。

改革を阻《はば》んだのは教育公務員特例法

こうした議論の背景には、日本の大学の「顔」のなさという問題もありました。

わが国には、四年制大学が７７８校（国立86校、公立95校、私立５９７校。二〇一〇年、文部科学省調べ）もありますが、国際レベルで競争ができる大学は、数えるほどしかありません。しかも、ほとんどの大学は似たり寄ったりで顔がない。没個性で、どういう大学なのか、さっぱり中身が見えません。これでは少子化が進むなか、特色のない地方の大学などで、定員割れが続出するのも無理はないのです。

ですから、せっかく新しい大学を作るなら、どこにでもあるような同じような大学を作っても意味がない。いまの日本にはない、世界で活躍できる人材を育成できる大学を作れば、必ず学生は集まるし、社会にも評価される。それには、大学の学部教育で徹底して教養教育を行ない、卓越した英語力と幅広い教養を学ぶ世界標準の大学を作ろう——。

創設準備委員会では、そう考えたのです。

ただし、それを実現し「知の鎖国」から脱却するには、日本の高等教育や大学運営が抱える深刻な問題のふたつめ、「遅々として進まない大学改革」という難問をクリアしなければなりませんでした。これは一言で言えば、「学部自治」「教授会自治」の弊害で、特に国公立大学では、改革を阻む最大要因でした。

私は東京外国語大学で教鞭を執り、学長も務めました。その間、大学教育でもっとも大事なカリキュラムの改革を何度も提案し、また自らも試みました。

たとえば英語教育。東京外国語大学を出ていれば、誰でも英語が話せると思うでしょうが、実際はそのようなことはなく、外国人とちゃんとコミュニケーションできる英語力となると、テキスト中心の英語教育の弊害で、はなはだ心許《こころもと》ない人が少なくありません。

外国語大学を名乗っているのに、いくらなんでもこれでは情けないと思い、文法とかスペルとか受験英語みたいな授業はやめて、もっとコミュニカブルな英語教育をやりましょうと、何度も提案しました。

するとそんなことは許されないと、かんじんの英米語科の先生たちが激しく抵抗するのです。たしかに文法もスペルも大事だけれど、そればかりやっていたのでは、いつまでたってもちゃんと話せる英語はできないわけです。

同様のことは、ロシア語でもありました。ロシア語科の一学年定員はたしか七〇名でしたが、ロシア語で就職できる人は、数人もいません。そこで、ロシア語の定員を減らしてアジアの言語を増やしたかったのですが、やはりロシア語科の先生の反対でできないのです。

つまり、カリキュラムの後ろには教員がついていて、すこしでもいじろうとすれば、たちまち抵抗するわけです。このため、カリキュラムひとつなかなか変えられない。

こうした大学教員の抵抗を可能にしたのは、国公立大学の教員に雇用上のさまざまな保護と特典を与えてきた「教育公務員特例法（教特法）」の存在があったからです。教特法には、国公立大学の教員人事を教授会（採用・昇任の場合）、評議会（降任・免職の場合）が行なうとの条項があるほか、高度の身分保障も規定しています。

東京外国語大学の一〇〇周年記念式典で国旗掲揚に反対しようが、授業があるのに組合活動でデモに参加しようが、教特法によって身分は安泰。よほどハレンチな犯罪でも起こさない限り、免職も解職も降格もできない。一度助手になってしまえば、教授までの道は保証されたも同然でした。公務員になれない外国人の学長、副学長、学部長なども認められていませんでした。

だからこそ、自らの既得権益が侵されそうになれば、徹底的に抵抗したのです。その意味では、戦後一番の悪法ではなかったかと思います。

大学法人化の大きなメリット

私は、東京外国語大学で改革を進めようとしましたが、会議ばかりですこしも前に進めなかった苦い経験があります。

一年間に三〇回以上も改革会議を開きましたが、ほとんど何も実現できませんでした。強力な教授会自治の前には、学長の力など微々《びび》たるもので、実質、何の権限もありませんでした。虚しさばかりが募り、徒労感に打ちひしがれたものです。

ですから、教特法に守られた抵抗勢力を抱えたまま、大学改革を行なうのがどれほど難しいことであるか、身にしみて知っていました。

その意味では、秋田県から大学設立のお手伝いを依頼されたとき、すでに行財政改革の一環で、大学の自主・自立を促すための国公立大学の法人化がタイムテーブル（二〇〇四年四月実施）に載っていたことは、このうえない幸運でした。

既存の法的枠組みのなかでは、何をするにも国の縛りがあるし、「学部自治」「教授会自治」の制約もあります。しかし、大学法人化が実施されれば、国の縛りが大幅に外れ、国公立大学の教員は非公務員となり、教特法の適用もなくなります。

とはいえ、現実問題として、既存の大学では、たとえ法的な後《うし》ろ盾《だて》がなくなったとしても、抵抗勢力の力はけっして無力化されることはないし、特に規模の大きい総合大学では既得権益にあずかる者が多く、改革は容易ではありません。国公立大学全体も本音では変わりたくないと思っているところがあります。

それは、経験的に容易に想像がつきましたし、事実、その後の動きを見れば、多くの大学は組織の改廃や統廃合などの千載一遇の改革のチャンスを逃したまま、今日に至っています。

でも、それは既存の大学だからで、ゼロから作る新設の公立大学なら、法人化のメリットを十分に享受できます。既存の大学では、既得権益の壁や旧態依然とした保守的ないし左翼的な抵抗にあってできないことも、フリーハンドでできるのです。

秋田県の国際系大学の新設構想は、まさにそうした絶妙のタイミングで動き出し、検討委員会、さらには創設準備委員会で議論を深めていったのです。

そして二〇〇三年春までには、次のような新設大学の基本構想が固まりました。

①大学の設置形態は、自主・自立がより確保しやすい公立大学法人とする
②大学の名称は、「国際教養」という新しい教学理念を持つ大学名とする
③大学の組織運営は、トップダウン方式による迅速《じんそく》で機動的な意思決定システムの構築、民間的経営手法の導入、第三者評価システムに基づく能力主義、成果主義の導入などを行なう
④教職員は、任期制とする
⑤入試は、他の国公立大学とは別の独自日程で行なう
⑥海外の大学との提携を推進する

ここに至って、これならいまの日本にはない、世界標準の大学が秋田に作れる、チャレンジできる、と確信を持つことができました。

大学名に込めた開学の理念

余談ですが、校名を決めるまではずいぶん苦労しました。秋田県民の声も聞きましたから、候補となったネーミングは相当な数にのぼります。

たとえば、「秋田国際大学」。秋田にある国際系の大学だから、ということなのでしょうが、「国際大学」はいかにもありふれていて差別化できない。それではと当初、有力な候補に挙がったのが「東アジア大学」です。米国や中国との関係も視野に入っていたからです。ただし、秋田は環《かん》日本海ですから、「東アジア大学」では米国が消えてしまいます。

さて、どうしたものかと思っていたとき、たまたまアジア太平洋大学交流機構の会議がオーストラリアであったので、「〝East Asia University〟という名前を聞いたらどう思う？　何を連想する？」と、さまざまな人をつかまえて聞いてみたのです。

すると、ほとんどの人がこう答えました。

「その大学は、中国にあるんだろう？」

「中国って感じだね」

それで、この名前は有力候補のリストから消えていきました。

そして、私自身夜を徹して名前を書いたり消したりしたあげくに、最終的に四つの名前が候補に残り、子を持つお母さん方の意見も伺って、最後に決まったのが国際教養大学でした。大学の名前に込めたのは、「卓越した英語力と幅広い教養を備えた、世界で活躍できる人材育成」という開学の理念そのものでした。

また、英語名については、発音上も美しいAkitaを用いて、秋田県から世界に発信するうえでもっともわかりやすい「Akita International University（略称ＡＩＵ）」とし、名実ともに国内外に語れる大学にしたいと考えました。

東京外国語大学ではできなかったこと

秋田県が出資する国際教養大学が、地方独立行政法人法のもと、全国初の公立大学法人として開学したのは、二〇〇四年四月。副知事の板東氏から最初にお話をいただいてから、ちょうど四年後のことです。ミネソタ州立大学機構秋田校のキャンパスをそのまま引き継いだため、施設関連の費用は、校舎のリノベーションなどに約10億円かけただけですみました。

副学長には、創設準備委員会のメンバーでもあったグレゴリー・クラーク氏になっていただきました。大学法人化で教育公務員特例法が適用されなくなり、就任をお願いできるようになったからです。

国際教養大学は、新設大学の検討委員会や創設準備委員会での議論を通じて、わが国の高等教育界に、世界標準の新たな大学モデルを提示することに成功しました。

具体的には、本章の冒頭で述べた日本の高等教育や大学運営が抱えるふたつの問題に対して、次のような斬新な施策を講じています。

まず、「世界で活躍できる人材を育成できない」という問題については、英語教育と教養教育を徹底するために、授業はすべて英語で行なう、在学中に一年間の海外留学、厳格な卒業要件など、これまでの日本の大学にはない教育プログラムを実践しました。

詳細は、すでに二章で述べているので繰り返しませんが、大学教育でもっとも大事なカリキュラムは、教養教育を徹底するため、社会学、政治学、心理学などはもちろんのこと、華道や映画学概論、漫画・アニメ論、東北文化探訪、国際ニュースの実践的聴取、異文化間ディベートなどまで幅広い学問分野が学べるように設計されています。

私は、東京外国語大学に入学したとき、教養教育としてもっと地域研究や国際関係論のような学際分野を十分に学びたかったのですが、かないませんでした。

私は、その思いをずっと胸のなかに留《と》め、いつか学士課程でそうした教養教育を実現させたいと思ってきました。ですから、基盤教育の修了後に履修する専門教養教育では、そうした科目も用意しました。長年の夢が、国際教養大学で実現したのです。

英語教育も、従来の日本のそれとはまったく違います。大学という知的コミュニティでは、日本人も外国人も関係ありません。専任教員の半分以上は外国人で、授業はすべて英語です。ディスカッションやプレゼンテーションも多用します。自主的にスピーキングやディスカッションの勉強ができるような施設も「言語異文化学習センター（ＬＤＩＣ）」として整備しました。

大学院では、アポロ11号が月面着陸したときテレビ中継の同時通訳をした小松達也《こまつたつや》さんに特任教授をお願いして、同時通訳の訓練までできるようになっています。それはまさに、東京外国語大学でやりたくてもできなかった、理想の英語教育です。

ただし、こうした独自のプログラムや大学運営が、すべてスムーズに実現できたわけではありません。大小さまざまな苦労があったのも事実です。

たとえば、図書館の24時間３６５日オープン化は、秋田県との交渉が大変でした。県の担当者は言いました。

「図書館を開けっぱなしで、何かあったらどうするんですか」

治安の面でいかがなものか、というわけです。それから国際教養大学には組合がありませんから、「24時間オープンとなると、労働基準法の立場から困る」とも言われました。ほかにも、あれこれいろいろ言われました。あまりに抵抗するものだから、知事と一緒にいるとき、その担当者に言ったのです。

「コンビニが24時間営業やっているのに、どうして大学にとって一番重要な図書館を、24時間オープンにできないんですか」

その一言で、最後は県も折れてくれました。

「脱教授会自治」がもたらしたもの

また、「大学改革が遅々として進まない」という問題については、

①大学全体の運営方針については、経営会議に一任する

②教学の方針については、教育研究会議で決定する

③学長が理事長を兼務することで、強力なリーダーシップを発揮する

などの施策を講じることで、「脱教授会自治」の迅速かつ柔軟な意思決定が可能になり、既存の大学では困難な、世界標準の大学運営を実現しています。いまや教授会は、学

期のはじめと終わりに一時間ほど開くだけです。

我々は「これはいいことだ」と思うことはすぐに決断し、実行に移します。たとえば、それを象徴するのが、他に類を見ない独自の入試制度と、教職員人事制度です。

従来、入学試験というのは、どの大学でも教授会主導で行なわれてきました。これを国際教養大学では、学長、副学長と入試のプロである入試委員会（Admissions Office）で行なうようにしました。教授会を外したわけです。その結果、

①九月入学制度の本格導入

②入学前のボランティア活動などを評価する、ギャップイヤー制度

③特別科目等履修生（暫定《ざんてい》入学）制度

④他の国公立大学から独立した入試日程

など、実にユニークな入試制度が実現しました。

まず九月入学ですが、先述したセメスター制度の採用により、可能になりました。九月入学の学生の大半は留学生ですが、国際教養大学では、高校生の海外留学を奨励するため、八月入試・九月入学の特別選抜枠も用意しています。

ギャップイヤー制度は、三月の終わりに九月入学の合格者を決めて、入学までに（四〜

八月）、出願時に提出した計画（ボランティア活動や農業体験や海外旅行など）に基づいて、研修活動を行なってもらい、レポートを提出することで、3単位の取得を認めるという制度です。研修活動の内容は、学生の自主性を重んじ、特に制約は設けていません。

この制度の目的は、入学前にさまざまな活動を通して社会的な見聞を広げ、自己発見を促し、社会人としての基礎能力を上達させることで、入学後の学習意欲や職業選択能力を高めることにあります。

また、特別科目等履修生（暫定入学）制度は、合否ラインぎりぎりで不合格になった学生のうち、国際教養大学で学びたいと強く希望する学生については、科目等履修生という聴講生のような形で暫定的に入学を認め、一年後の成績次第で正規入学に切り替えるというものです。

競争率が激しければ、わずか1点差で不合格になってしまうのが入学試験です。しかしギリギリ不合格の学生のなかには、英語だけみれば、他の合格者よりずっと点数が高いとか、文系なのに数学の点数が飛び抜けていいなど、キラリと光る学生が必ずいます。そういう才能を、学校教育法および大学設置基準の枠のなかで救済する方策として考えられたのが、この制度です。

開学時から採用しており、特別科目等履修生として入学した学生の一年後の成績は、正規入学者を上回る学生が多かったのです。これは、暫定入学というある種の負い目をバネに「彼らに負けてたまるか」と、正規入学者以上に勉強に励むからではないかと思います。二〇一〇年度は、この制度を利用して九人が勉強に励んでいます。

そう言えば開学時に、東京外国語大学も受かったのにわざわざ新設の国際教養大学、それも暫定入学を選んだ学生がいました。「ここならしっかり勉強できる。自分を伸ばせる」、入学への意欲は並々ならぬものがありました。すばらしい決断だったと思います。大変な頑張り屋で、卒業時の成績はトップクラス。外資系トップのモルガン・スタンレーに就職しました。

この暫定入学の制度を提案したのは、副学長になったグレゴリー・クラーク氏でした。多摩大学の学長時代、この制度の導入を試みたのですが、入試の公平性などを巡って議論百出、教授会の反対をクリアできず、結局、実現できなかったそうです。学長が何かやろうとすると、ユニークな大学運営で知られた私立大学の多摩大学ですら、そうなのです。

ところが、国際教養大学の意思決定の仕組みであれば、その気にさえなれば、すぐに実現できる。それで、「ぜひやりましょう」と私が賛成し、入試委員会の会議を一度開いただけで導入が決定しました。

他の国公立大学から独立した入試日程を組むことで、受験機会を多くしているのも国際教養大学の大きな特徴です。これまで国公立大学は、前・後期の分離分割方式という横並びの入試を行なってきました。私立大学に学生を取られないように、囲い込みをするのが目的です。

国際教養大学では、そうした護送船団方式から離れ独自日程で行なう「A」「B」「C」日程および「九月入学」の一般選抜試験と、「グローバル・セミナー」「AO・高校留学生」などの合計12種の選抜試験で募集を行なっており、日程上最大七回の受験機会を用意しています。毎年、全国から多くの優秀な学生が受験し、難易度も全国屈指になるなど、大きな成功を収めています。

教職員は、三年契約の年俸制

次に、独自の教職員人事制度についてお話ししましょう。

二〇〇四年四月、国公立大学の法人化により、国公立大学の教員人事を教授会や評議会が行なうという教特法の条項適用がなくなりました。国家公務員法・地方公務員法は、一般の公務員について身分保障を定めていますが、教特法は大学教員についてさらに高度の身分保障をしており、一度助手になれば、よほどのことがない限り教授まで安泰でした。それが、法人化によって身分保障が失われることになったわけです。かつて教授会自治でさんざん痛い目にあった私にとって、大学法人化はまさに福音《ふくいん》であり、国際教養大学では、思いきった教職員人事制度を採用しました。

ひとつは、二章でも述べた教職員の公募による採用です。

教員については、アメリカの教員採用誌や全米アジア学会、さらにはホームページなどを通じて世界中から公募しており、専任教員の半数以上は外国人です。採用に当たっては、きちんと教えられるかどうか、必ず模擬授業をやってもらい、そのうえで判断しています。欧米の一流大学で博士号を取得した人でも、いざ授業となると、まるで教えられないケースがよくあるからです。

にもかかわらず、いまだに日本の大学は、教育実績より研究実績で教員を採用することが多い。要するに、肩書きに弱いのです。その結果、十分に教えられない人が大学で教鞭を執る。不幸と言うしかありません。

国際教養大学では、職員も公募です。英語力は必須で、仕事に応じた高い専門性を備えた多彩な人材が集まっています。

これまで、大学ではあたりまえのように、「教員が上で職員は下」という二重構造がありました。しかし国際教養大学では、教員と職員は同格で二本柱。クルマの両輪のようなもので、上下関係は取り払われています。

職員のレベルが高いですから、意思決定に事務局長や職員も加わります。

また、教職員は三年契約の年俸制を採用しています。更新が約束されない三年間の任期制を採用したのは、あえて安定した身分を保証しないことで、緊張感を持って仕事に励んでほしいからです。

すべての教員は、必ず学部長や同僚教員らの授業参観を受け、授業の進め方や教材の選び方などをチェックされます。この評価と学生評価、学長評価などが総合的に判断され、翌年の年俸が決まります。増減はプラスマイナス20％以内。１０００万円の人が１２００万円になることもあるし、８００万円になることもある、ということです。

任期の更新は、評価が低いと認められません。教員の場合最長九年まで更新可能ですが、当然のことながら、その先が不安になる人もいます。そこで、業績の優れた専任教員については、今年から本学独自の「テニュア制」を導入しました。

テニュア制は、終身雇用と訳されることが多いですが、私たちが導入したのは、定年もしくは契約継続期限年齢を有する日本的要素を組み込んだ独自の制度です。具体的な契約形態は、従来の三年契約の上に、原則五年契約で更新回数の制限を設けない「無制限契約」を置き、さらにその上に「無期限契約」を置くステップアップ方式になりました。

また、すべての教員について、67歳になる年度を定年、または契約継続期限年齢としました。ただし、67歳を超えても、カリキュラムの必要性などによっては、一年契約で73歳になる年度まで、契約更新を可能としています。

文部科学省も認めた国際化のモデル校

さて、これまで述べてきたように国際教養大学は二〇〇四年の開学以来、世界標準の斬新な大学をめざして、従来の日本の大学にはないさまざまな施策を実現してきました。

そしていままでは上智、立教、獨協、同志社など有名私立大学や多くの国公立大学が国際教養大学をモデルにして、学部の名称やカリキュラムの変更などを行なうようになっています。

グローバル化する二十一世紀の知的基盤社会を生き抜くため、他に先駆けて「国際教養」という新しい教学コンセプトを提唱し、実践してきたことが、わが国の高等教育のあるべき正しい道筋として認められ、評価されたのだと思います。

それを改めて実感したのは、二〇一〇年七月に千代田区紀尾井町のホテルニューオータニで行なわれた「開学五周年を祝う会」です。このパーティーには、政財官学各方面から約三〇〇名の関係者が出席し、さまざまな方から祝辞を頂戴《ちょうだい》したのですが、なかでも、ひときわ印象深かったのは、文部科学省の坂田東一《さかたとういち》事務次官の次の一言でした。

「グローバル化への対応というのは、本来なら国立大学がすべきことですが、それを国際教養大学がやっている。ぜひ、国際化のモデル校になってほしい」

文科省も国立大学の国際化を進めたいのです。でも、なかなか国立大学は動いてくれない。大学法人化で教特法の縛りが外れても、既得権益にしがみついて改革に抵抗する勢力がいるからです。文科省では、もちろんそのあたりの事情はわかっています。忸怩《じくじ》たる思いがあるはずです。それが、この発言につながったのだと思います。

全国に95ある公立大学のなかで、もっとも規模が小さい地方の公立大学のパーティーに、文科省から現役の事務次官、次期事務次官、審議官など十数人が出席されました。これは大変なことで、我々の大学に対する彼らの認識、評価をよく示していると思います。

文科省がやりたくてもできなかったことを国際教養大学がやっている——。

また、二〇一〇年六月、京都大学の松本《まつもと》 紘《ひろし》総長が国際教養大学の視察に来られ、われわれがやろうとしている国際教養教育におおいに共鳴していただきました。東京大学の濱《はま》田純一《だじゅんいち》総長も、これからの時代に必用なのは「新しい知、新しい教養」だと述べています（『日経ビジネスオンライン』二〇一〇年六月二十九日）。

グローバル化時代に即した教養教育の必要性は、東大も京大ももちろんわかっているのです。でも、なかなかできない。年間予算は東大で約３０００億円、京大で約１５００億円です。これだけ規模が大きくなると、しがらみも大きい。何かを変えるのは容易なことではないのです。

めざすは一〇〇〇人の大学町

国際教養大学は、秋田県からの運営費交付金に財源の約６割を依存しています。具体的には、運営費約17億円のうち、およそ11億円が県からの交付金です。公立大学法人として独立行政法人化したからには、将来的には財源的にも自立すべきだと考えます。

運営費で一番かかるのは教職員の人件費で、これが予算の６割を超えると、学生に対するサービスの低下が懸念されます。ですから、人件費は6割以内に収めるように努めています。と同時に、人件費の割合を抑え、学生サービスをより充実できるように、収入を増やす工夫も必要になります。

そこで、国際教養大学では入試委員会が慎重に検討を重ね、定員数を開学時の一〇〇人から、二年後には一三〇人、四年後には一五〇人へと段階的に増やしてきました。

これを、二〇一一年度には一七五人に増員し、将来的には二〇〇人にまで引き上げる予定です。この程度までなら、学生の質は落ちないし、少人数教育の原則も守れるし、学生寮のキャパシティも十分あると判断しています。

また国際教養大学では、二〇〇八年に専門職大学院を開設しました。開講している「グローバル・コミュニケーション実践研究科」の定員は、三〇名です。

将来的には、学部と大学院、学生と教職員を合わせて一〇〇〇人くらいのユニバーシティ・タウン（大学町）が形成できればと考えています。

そうなれば、秋田だけでなく、日本という国にとっても「知的センター」の役割が担えるはずで、かなり強力な受信力、発信力を持つ基地ができると思っています。

国際教養大学は、開学以来、国際貢献の一環として数多くの国際会議を開催してきました。近年では、「アンドレ・マルロオ、思想と美術――東洋、日本の誘惑（二〇〇八年六月、国際教養大学主催）」、「アメリカの日本政治研究、日本のアメリカ政治研究――比較と相違（二〇〇九年十一月、国際教養大学主催）」などが大きな話題を呼びました。

今年も、「東アジアの活力（二〇一〇年十月、国際教養大学主催）」という国際シンポジウムをミハイル・ベールイ駐日ロシア特命全権大使、レンツェンドー・ジグジッド駐日モンゴル特命全権大使、船橋洋一《ふなばしよういち》朝日新聞社主筆らをお呼びして行ないました。

我々の受発信力が高まれば、さらにこうした機会が増えるはずです。

他流試合で、レベルアップをはかる

最近は、香港大学、シンガポール国立大学、国立台湾大学などに象徴されるように、アジアのなかからも世界的に高い評価を受ける大学が、すこしずつ増えてきました。

グローバル化する知的基盤社会にあっては、国際教養大学が国内の偏差値的序列をあっという間に突き崩してしまったように、世界の高等教育の地図もすこしずつ確実に塗り替えられつつあります。うかうかしていれば、日本の最難関校と言われるような大学でも、中国、韓国、台湾などの一流大学に、どんどん追い抜かれてしまう恐れがあります。

世界の大学ランキング 2010-2011

順位	大学名	国／地域
1	ハーヴァード大	アメリカ
2	カリフォルニア工科大	アメリカ
3	マサチューセッツ工科大	アメリカ
4	スタンフォード大	アメリカ
5	プリンストン大	アメリカ
6	ケンブリッジ大	イギリス
6	オックスフォード大	イギリス
8	カリフォルニア大バークレー校	アメリカ
9	インペリアル・カレッジ・ロンドン	イギリス
10	エール大	アメリカ
11	カリフォルニア大ロサンゼルス校	アメリカ
12	シカゴ大	アメリカ
13	ジョンズ・ホプキンス大	アメリカ
14	コーネル大	アメリカ
15	チューリッヒ工科大	スイス
15	ミシガン大	アメリカ
21	香港大	香港
26	**東京大**	日本
28	浦項工科大	韓国
34	シンガポール国立大	シンガポール
37	北京大	中国
41	香港科技大	香港
57	**京都大**	日本
112	**東京工業大**	日本
130	**大阪大**	日本
132	**東北大**	日本

（タイムズ・ハイヤー・エデュケーションより）

昨年は、200位内に日本から11大学がランクインしたが、
今年は５大学。東大はアジア１位の座を香港大に奪われた

そうした高等教育の熾烈なグローバル競争を生き抜くには、現状に甘んじることなく、大学としての実力や魅力をさらに磨き続けるしかありません。

それには、リベラル・アーツを本格的に学べる世界の一流大学との提携をさらに進め、国内の国際教養系の大学と緊密に連携し、切磋琢磨しあうことです。

たとえば、国内での提携では、二〇一〇年四月、教養教育に熱心で、この国の高等教育改革の先頭に立つ気概を持った、国際基督教大学（東京都三鷹市）、立命館アジア太平洋大学（大分県別府市）、早稲田大学国際教養学部（東京都新宿区）の三大学と連携協定を結びました。私たちの国際教養大学と合わせて「G4（グローバル4）」と称していますが、要するに、わが国の大学のなかでもグローバル化に先進的で、今後の日本の大学のグローバル化を牽引していくという意味です。

そして、各大学にとっては他流試合であり、学生の交流、共同教育の実施などを通じて、たがいにレベルアップをはかろうというのが目的です。

具体的には、他大学に半年間行き単位を取得したり、四大学の学生が一緒にフィールドワークに行ったりしています。この夏は秋田県の由利本荘市《ゆりほんじようし》の南、鳥海山《ちようかいさん》のふもとの過疎化・高齢化が進行する中山間集落で、四大学の学生が一緒に合宿し、新しい農山村のあり方を考えました。

秋田には、根子番楽《ねっこばんがく》や西馬音内《にしもない》の盆踊りなど民俗芸能がたくさんありますから、四大学の学生交流のかっこうの舞台になるのではないでしょうか。

余談ながら、秋田の民俗芸能のなかには、後継者不足から消滅の危機にあるものが少なくありません。そこで国際教養大学では、文化庁の予算をもらいデータベース作りを始めています。こうした取組みもまた、教養教育の足腰を鍛える大事な挑戦です。

また、そうやって保存すべき価値あるものとして民俗芸能を教養教育の対象にすれば、外国からの留学生も、高い関心を持って触れるようになります。

たとえば、男鹿《おが》のナマハゲは全国的に有名ですが、国際教養大学のある秋田市雄和には、「ヤマハゲ」という伝統的な風習があり、多くの留学生が「おもしろい！」と興味を持ちます。「ハイテクのほかにも、こんな魅力的な文化もあったのか」と日本を再発見してくれるのです。

ローカルなものは、ローカルに徹することによってグローバルになります。ローカルの長所が大事に保存されていることによって、世界も注目するようになるのです。

世界へ飛び立つ若者は、秋田の大きな財産

「なぜ、秋田だったのでしょうか?」

国際教養大学が開学した当初、一番よく受けた質問です。

そこには、たいてい「なんでまた、東北の片田舎に国際系の大学を作ったのか」と、なかばいぶかるようなニュアンスが含まれていました。

しかし、私にしてみたら、秋田市郊外の秋田杉に囲まれた森のなかというロケーションは、実に「すばらしい!」の一言です。

まず、このうえなく自然が美しい。大学のゲストハウス(プラザクリプトン)からキャンパスの学長室までは秋田杉の連なる小径を10分ほど歩けば着きます。道すがら、春には水芭蕉の白い花弁の群生を、また秋には美しい紅葉の木々を愛《め》でることができます。

国際教養大学の教員は半数以上が外国人ですが、「まるでウィーンの森のようだ」「ニューハンプシャーのようだ」と言って喜んでくれます。まわりに、何もないのもいい。

「これまでの人生で、これほど勉強したことはなかった」

卒業するとき、学生たちがそう思えるほど教養教育と格闘するには、まわりにスーパーもコンビニもないような、何もない環境のほうが、勉強に集中できていいのです。

さらに言えば、空港から近いのもいい。これからの時代、大学が発展できるかどうかは、飛行機のアクセスがいいかどうかにかかっているとも言われています。その点、国際教養大学は、東京の羽田空港から約50分、秋田空港からは車でわずか5分ほどです。はじめてキャンパスを訪れた人は、そのあまりの近さに誰もがびっくりされます。

「こんなに近いとは思いませんでした」

みなさん、そう言います。

欧米では、大都市から飛行機で1時間ほどのところに、落ち着いた大学町があるのは珍しくありません。アメリカのニューヨーク州イサカにあるコーネル大学やイサカカレッジなどは、まさにそうです。

ニューヨークの国内空港から飛行機で1時間ほどのところに大学があり、ユニバーシティ・タウンを形成しています。近くに湖があり、景観もすばらしい。これらの大学は、さまざまな分野で世界をリードする名門大学であり、まさに情報受発信の知的センターになっています。

秋田市郊外の国際教養大学も、そういう存在になれたらと思っています。秋田は東京ではありません。東北の片田舎です。でも、全国から集まった学生は、必ず一年間海外留学するし、世界中からたくさんの留学生や教員が集まってきます。

海外では複数の大学同士で交流する「サバティカル」という制度があって、しばしば教員は、おたがいの大学に行き教鞭を執ります。それには宿舎が不可欠ですが、日本の大学にはほとんどない。それで「戸数は少なくてもいいからぜひ」と考え、教員用のゲストハウスを作りました。これも、国際教養大学の誇る世界標準のひとつです。

秋田市郊外のキャンパスでは、毎学期一五〇人以上の外国人留学生が訪れ、学んでいます。日本の学生も毎年たくさん海外留学します。つまり国際教養大学は、秋田の山あいにある大学ですが、すでに国際的な受発信の拠点になっているのです。

卒業生の県内就職の実績は多いとは言えません。「税金を投入しているのに」と思う向きもあるかと思いますが、秋田に来て学び、生活し、やがては全国、さらには全世界へと飛び立つ才能ある若き人材の存在は、地元秋田にとってもまちがいなく大きな財産です。

国内外の学生が秋田で消費するお金は、すでに県からの初期投資を上回っているはずですが、長い目で見れば、さらに大きなリターンとなって秋田に返ってくるはずです。

四章

なぜ、国際教養が必要なのか

内向きになってしまった日本人

日本から海外へ羽ばたく若者が、減っています。

文科省の調べによると、二〇〇七年に海外留学した日本人は七万五一五六人で、三年連続で減少。これまで人気の高かったアメリカ留学の減少も顕著で、アメリカの国際教育研究所（IIE）の調べでは、二〇〇八年に留学した日本人は、前年比14%減の二万九二六四人。ピークだった一九九七年（四万七〇七三人）の6割にとどまっています。

これに対して中国の二〇〇八年のアメリカ留学は、前年比21%増の九万八五一〇人、同じく韓国のそれは、9%増の七万五〇六五人といずれも大きく伸びています。

私は、二〇一〇年の春以来、イギリス、アメリカ、ロシア、中国、台湾へ大学間協定を結ぶため、もしくは交流のために赴《おもむ》きましたが、いずれの国でも、日本の存在感が非常に薄くなっていると感じました。そのいっぽうで、広く海外に目を向ければ、世界へ出ようとする若者がとても多い。

特に中国の若者は、自国の経済発展もあり、とてもエネルギッシュで海外志向がきわめて強い。進取の意欲や探究心に満ちています。これはアメリカの大学などに行くと、とてもよくわかります。

日本の若者の内向き志向は、海外での就労意欲にもストレートに反映しているようで、二〇一〇年九月に発表された内閣府の「労働者の国際移動に関する世論調査」によれば、外国で働くことに「関心がある」と答えたのはわずか22・0％で、「関心がない」が77・4％を占めました。

年齢が上がるほど関心は薄れる傾向にありますが、20代でも「関心がある」は40・0％で、「関心がない」が58・8％を占めます。

「関心がない」理由（複数回答）は、「語学力に自信がない」が52・3％で一番多く、以下「外国での生活に不安を感じる」47・1％、「家族や友人と離れたくない」34・6％と続きます。同様のデータは、産業能率大学の「新入社員のグローバル意識調査（二〇一〇年七月）」などでも確認できます。

こうした若者の内向き傾向は、しばらく前から大学関係者の間でも、深刻な問題として受け止められてきました。ついさきごろも、ある国立大学の知人がこう言ってこぼしていました。

「授業料はかからない。宿泊や渡航費用も大学が援助する。そんな好条件でも、留学定員が半分も埋まらない」

日本人は、なぜこれほど内向きになってしまったのでしょうか。

たとえば、学生たちが海外留学を敬遠する理由としてよく言われるのは、「不況にともなう経済的な事情」と「三年次に始まる就職活動の影響」などです。

海外留学にはそれなりのお金がかかりますから、昨今の経済事情が影響している面はたしかにあるでしょう。しかし、先のケースのように、費用という面では格安の負担ですむ好条件の留学でも応募がないのですから、懐《ふところ》具合が主たる要因とは考えにくい。

その点、就職活動の影響はかなり大きいと思います。二年生、三年生になって留学を考えようと思っても、そこから就職活動が始まってしまう現状では、帰国後の就職活動が不安になるのも無理はありません。通年採用で、大学を卒業してから職探しをするのがあたりまえの欧米と違い、日本は新卒一括採用の一発勝負です。

「これに失敗してしまえば、二度といい列車には乗れない」

多くの学生が、そんな不安から、チャンスがあるにもかかわらず、海外留学を避けているとしたら、これほど残念なことはありません。大学側は九月入学をもっと促進し、企業側は通年採用を促すなど、根本的な対策が必須ではないかと思います。

では、いまの新卒一括採用がなくなり、通年採用が増えれば、在学中の就職活動の不安がなくなり、海外留学する若者が再び増えるかと言えば、少々疑問です。

というのも、若者が内向きになったのは、けっして経済事情や就職活動だけが理由ではなく、もっと根本的な問題に起因していると思われるからです。

教養教育をないがしろにしてきたツケ

人は、誰もが平等に時間を与えられています。ただし、時間には自ずと限りがあります。その限られた時間のなかで、人が得るべきもっとも重要な人生の喜びとは、その人ができうる範囲で精一杯、知的世界を広げることではないかと思います。その意味では留学であれ、仕事であれ、海外への挑戦は、知的世界を広げる、またとないチャンスです。

ところが、最近の若者は「お金の心配はしなくてもいいから」と言われても、出ていかない。それは、世界に出て知的経験を積むことが、人生を心豊かなものにするうえでいかに大事ですばらしいことか、気づいていないからです。

一昔《ひと》前までの若者のなかには、それに気づいている者が少なからずいました。だから、必死でアルバイトをして海外をめざした。ですが、最近の若者は違います。「わざわざ海外に行かなくても、たいていの情報はネットで簡単に手に入る」などと平気で言います。

たしかにインターネットの普及はすばらしく、海外の論文なども簡単に読める時代になりました。それはそれで、大変にありがたいことですが、ネットはしょせん、仮想空間である以上、入手できる情報には限度があります。

世界の有名観光地をバーチャルに歩いたところで、実際に現地に行けば感じられるにおいや質感、風情、肌触りといったものまで伝わってくるわけではありません。百聞は一見に如かず、なのです。

そんなことはあたりまえのことだと思うのですが、とにかく平気で「ネットで十分」などと言う。実際には、自分のほしい情報だけをせっせと集めているので、驚くほど知の土台が弱く、関心が狭い。特定の範囲に興味と情報が集中していて、幅広い教養や人間性を獲得できていない若者が多いのです。

しかも不幸なことに、それを個性と勘違いし、「自分らしく生きたい」などと言う。

これは結局、三章でも述べたように知的好奇心を育み、若者を海外へ雄飛させる大きな翼となるべき教養教育を、この国がないがしろにしてきたツケなのではないでしょうか。

私たちの国際教養教育とは、外国語を含む幅広い教養を身につけ、世界へ飛躍できるような知的土台を築くことにあります。

それ自体が知的好奇心の涵養であり、自己発見の旅でもあります。その意味では、先の内閣府の調査で、外国で働くことに「関心がない」理由として挙げられていた、語学力不足や外国での生活不安などは、まさにそのツケを象徴しています。

しっかり教養教育を行なっていれば、海外への関心は自然と向くはずですし、そうした自信のなさや不安なども、ちゃんと乗り越えられるはずなのです。

それができず、「海外へ行くより日本にいるほうがいい」となってしまうのは、国が教養教育をあまりにも粗末に扱ってきた報い、と言うしかありません。

最近は、大学の研究者も海外に行かなくなり、その数はピーク時の半分程度です（二〇〇〇年度七六七四人→二〇〇九年度三七三九人）。学部の教養教育が空洞化するなか、狭い専門領域のみを歩いて大学院へ進むケースも増えており、その弊害と思われます。

そもそも自分らしさというのは、教養と格闘することによってはじめて見えてくるものです。知的土台も十分ではないのに、自分が何者かわかったような気になり、個性を主張するのは、あまりにも安易に過ぎるし、もったいない。自分の可能性を放棄しています。

いかに国が教養教育をないがしろにしてきたか、若者の知的好奇心を育ててこなかったか、その罪の重さを思わずにはいられません。

しかも、それを大学のキャリア教育が加速させてしまっている。

大学三年の秋には始まる就職活動に合わせて、一年からキャリア教育をする大学が増えているのです。それを、売りものにしているところも多い。

キャリア教育そのものはとても大事なことですし、国際教養大学でも力を入れていますが、昨今、多くの大学で行なわれているそれは、あきらかに行き過ぎです。教養教育が不在のまま一年から就職活動の準備では、もはや大学ではなく、ハローワークか就職予備校です。

これでは、学生だって世界へ飛躍するための知的好奇心など、涵養できるはずもありません。

留学とは、自己挑戦の喜び

「留学とは、一言で言うと何でしょうか？」

メディアの取材で問われ、こう返しました。

「留学とは、自己挑戦の喜びです」

さきほども述べたように、知的な世界は海外へ挑戦することで、さらに広がります。異なる言語、民族、宗教、習俗など未知の異文化世界にひとりで飛び込み、とまどいながらも拙《つたな》い語学力で、必死にコミュニケーションをはかり、学び、生活し、遊び、考え、理解する。

そこには、きっとそれまで経験したことのない驚きや感動、怒りや悲しみなどがあるはずです。さまざまな事柄が論証され、批判的な思考も加味されていくはずです。新しい視点や考え方も、獲得できるに違いありません。

あるいは、自分を見つめ直し、我慢や辛抱、あきらめないことの大切さも覚えるでしょう。しばしば、人生を決定づけるような大きな体験や出会いがあったりもします。それはまさに、自己発見のプロセスそのものです。

そうやって海外で知的経験を積むことで、人生の喜びは何倍にも増していくのです。ただし、海外留学で人生の喜びを得ようと思ったら、ただ漫然と海外へ出かけてもダメです。それでは、デジタルカメラであちこちの有名観光地の写真をたくさん撮って帰ってくるだけの、絵ハガキを買い集めるだけの観光旅行のようなもので終わってしまいます。

留学を自己挑戦の喜びとするには、語学力を含めた幅広い教養を学び、知的好奇心を育むとともに、アジア、オセアニア、中東、北米、中南米、欧州、アフリカ……自分の興味のある地域に対する「地域研究的視野」を持つことが、とても大切です。

地域研究的視野とは、その地域の言語はもちろん、文化や慣習、宗教なども総合的に把握しようとする視座・視点です。そうした幅広いものの見方、考え方を涵養することこそ大学の役割であり、学士課程における教養教育なのです。

ところが、いまの大学は、外国語の授業も幅広い教養を教える時間も大幅に削られ、その機能をほとんど失ってしまっています。

グローバル化が急速に進み、世界中がその対応に必死になっているというのに、こんなことをしていたら、日本はますます内向きになるばかりで、はたして二十一世紀の知的基盤社会を生き抜いていけるのか、心配でなりません。

語学以外のカリキュラムに失望した大学時代

ここですこし、私の海外体験をお話しします。

私がはじめて海外へ行ったのは一九六六年の十一月のことで、行き先は中国でした。なぜ中国だったのか、その理由をお話しするには、時間を遡《さかのぼ》る必要があります。

きっかけは高校時代でした。当時は、一九五四年に印中首脳会談でネルーと周恩来が

「平和五原則」を発表し、翌五五年にはインドネシアで「バンドン会議」が開かれるなど第三世界の台頭、わけても、革命後の中国の台頭がめざましい時期でした。

それに触発されて、東京外国語大学の中国科へ入学したのですが、大きな期待と夢をふくらませた大学生活は、すぐに失望に変わりました。

中国語だけでなく、中国のことも国際社会のことも学べると思ったのに、そういう授業はほとんどなし。やるのは語学ばかりで、卒業するまで専任の教員からは、毛沢東《もうたくとう》という言葉をとうとう一度も聞くことはありませんでした。

もちろん語学の勉強は大変役に立ったのですが、もっと幅広い教養や専門知識が身につくようなカリキュラムは、少なかったのです。このときの思いが、国際教養大学の教養重視のカリキュラムにつながっていることは、前にお話しした通りです。

期待が大きかったぶん、反動も大きかった。授業への意欲は失せ、やがて学生運動に没頭していきました。学友会委員長のときには、英語で有名な小川芳男《おがわよしお》先生（当時学生部長、のち学長）に「退学処分にする」と脅《おど》されたこともあります（もっとも、後年の大学紛争時には、先生を補佐する立場になりましたが）。

学問的に幻滅していたこともあって、卒業したら二度とこの大学の門はくぐるまいと思ったものです。

卒業は一九六〇年春。安保闘争のまさに高揚期で、企業への就職活動はせず、世界経済研究所に入りました。英語とフランス語の試験があり、合格しました。

最初の仕事は、ＥＥＣ（The European Economic Community＝欧州経済共同体）ができたばかりでしたから、フランス語を生かして、ヨーロッパの動向調査をやりました。中国研究に移ったのはそのあとです。イデオロギー論争から中ソ対立が始まると、国内の左翼陣営の対立も深刻化し、かつて憧れた中国系イデオロギーやマルクス主義が、自分のなかで急速に色褪《いろあ》せていきました。

そこで、世界経済研究所での研究活動に区切りをつけ、東大大学院社会学研究科へ進み、国際関係論を専攻。現代中国研究に没頭します。

そのなかで、毛沢東思想を反映した人民公社運動や大躍進運動などに疑問を感じ、中国批判を強めます。それをまとめた『現代中国論――イデオロギーと政治の内的考察』が青木書店から出版されたのは、一九六四年の秋のことです。

毛沢東批判は、言論界のタブーであったため、大きな反響を呼びました。

そんなある日、東京外国語大学から「助手に採用したい」と声がかかりました。二度とその門はくぐるまいと思った母校からの誘いでしたから、大変驚きましたが、これも何かの縁だろうと思い、指導教官の江口朴郎《えぐちぼくろう》先生に相談のうえ、博士課程を中退して母校からの要請を受けることにしました。

人事院総裁に直訴して実現した中国行き

私が母校で大学教員の第一歩を踏み出したのは、一九六六年の春のことです。

この夏、中国では文化大革命が起きました。北京の天安門広場を埋めつくし、「造反有理《ぞうはんゆうり》」を叫ぶ紅衛兵《こうえいへい》の姿に、世界は衝撃を受けました。文革を「人間の魂に触れる革命」と称《たた》える風潮もありましたが、当時の日本は中国と国交がありませんから、なかなか情報が入ってこない。いったい何が起きているのか、これから中国はどこへ向かおうとしているのか、ほんとうのことをぜひ自分の目で確かめたいと思いました。

何としても中国へ行きたい――。そう思いました。

そんな折、中国の北京で「孫文生誕百周年記念大会」という国家行事があると聞き、「これだ！」と思い、勇躍、参加を願い出ました。孫文は日本との関係が非常に深かったので、日本人代表団への入国審査が比較的緩かったのです。

ところが、肝心の送り出す側からダメを出されてしまった。当時はまだ、国家公務員の共産圏渡航が禁じられていて、文部省（当時）が許可しなかったのです。

でも、そこで「はい、そうですか」と引き下がったら、このタイミングで中国へ行く術《すべ》はない。思いきって「現代中国研究をやっているので、どうしても行かせてほしい」と人事院総裁に直訴しました。そこまで言うのならと思ったのでしょう、やっと中国行きが認められました。

一九六六年十一月九日、日本代表団に遅れて、単身、まず香港へ入りました。ビクトリア湾と摩天楼、そしてビクトリアピークが織り成す景色はみごとで、はじめての異国情緒を堪能しました。その後、広州を経て北京に入ったのは大会前日の同月十一日夜でした。

翌十二日、人民大会堂では孫文生誕百周年の記念式典が開催されていました。ところが奇妙なことに、そこに当時の最高幹部である劉《りゆうしようき》少奇と鄧《とうしようへい》小平の姿がないのです。「おや?」と思いました。やがて、ふたりだけ遅れて登壇したものの、誰も拍手をしない。人《じん》民日報《みんにつぽう》や新華社《しんかしや》のカメラマンも、フラッシュをたかないのです。

直感的に、「これはおかしい!」と思いました。

いまでも忘れられないのは、この式典で周恩来が「毛主席に背《そむ》く輩《やから》に未来はない。毛主席万歳、万々歳！」と絶叫し、称えたことです。私は、もともと周恩来に憧れて中国研究を志した人間でしたから、「なぜ、あんな個人崇拝をするのか……」とおおいに幻滅しました。

私のなかの周恩来像が、音を立てて崩れ落ちた瞬間でした。

しかし、それは実際に中国へ渡り、自分の目で文革や中国共産党の実態を見たからこそ、巡り会えた真実でした。つらい現実でしたが、私の目を見開かせてくれる、ある意味、人生の方向を変えた決定的な出来事でもありました。

中国滞在中は、上海で紅衛兵に追われるなど怖い思いもしました。

その後、この大会の成り行きや壁新聞の内容――劉少奇が第一の実権派であり、第二が鄧小平である――などから、「文革は権力闘争の大衆運動化」と確信し、共産党内部の激烈な権力闘争の実態を、『中央公論』一九六七年三月号に「毛沢東　北京脱走の真相」として発表しました。

これは各国語に翻訳され、海外でも反響を呼びました。

それが評価されたのでしょう。翌一九六七年春、国際文化会館の松本重治《まつもとしげはる》先生から、「アメリカのウィリアムズバーグで、中国の文化大革命とベトナム戦争をテーマに日米知識人会議がある。文化大革命について報告するように」との要請があり、出席しました。
参加メンバーは、日本側が笠信太郎《りゅうしんたろう》、桑原武夫《くわばらたけお》、貝塚茂樹《かいづかしげき》、永井道雄《ながいみちお》、加藤周一《かとうしゅういち》、永《なが》井陽之助《いようのすけ》、坂本義和《さかもとよしかず》の各氏ら、アメリカ側がD・リースマン、E・ライシャワー、ダニエル・ベル、スタンリー・ホフマン、R・スカラピーノ各氏らそうそうたる顔ぶれです。その末席に、東京外国語大学の助手から講師になったばかりの若輩者の私がいました。もちろん最年少でした。

私は、会議で「文化大革命は必ず権力闘争になり、失敗するだろう」と、自ら体験した中国共産党の実態を報告しました。当時のアメリカには、中国の文革に共鳴する学者が多く、私の報告は驚きをもって迎えられました。

はじめて国際的な舞台で英語で報告したのは、一九七〇年にモスクワ大学で開かれた第一四回国際歴史学会でした。やはり、名だたる学者が日本からも出席していましたが、誰も発言しない。そこで、思いきって旧ソ連の学問（中国研究）と政治のあり方について発言したところ、旧ソ連の多くの学者が賛同してくれて、大きな自信になりました。またそれがきっかけで、旧ソ連の研究者と親しい関係を作ることもできました。

あのとき発言していなかったら、いまの私はないかもしれません。

海外に出ることで、日本を再発見する

海外留学を経験すると、誰もが人間的に大きく成長します。

異文化世界にひとりでチャレンジすることで、語学力はもちろん、対人関係や難局を乗りきるための勇気や発想力、忍耐力といったものも鍛えられますから、少々のことでは動じない、胆《きも》の据《す》わった人間になれるのです。

国際教養大学の場合は、一年間の海外留学で、現地の学生と同じ授業を英語もしくは他の外国語で25～30単位を取得してこなければならないですから、その苦労は並大抵のものではありません。

そのぶん、人間的な成長も大きく、留学前と比べて、社会人としての基礎的な能力（社会人基礎力）である主体性や計画力、実行力、発信力などが、大きく伸びることがわかっています。「人材が育つ大学」として企業が高く評価する所以《ゆえん》でもあり、国際教養大学の高い就職率を支える大きな要因になっています。この点については、五章で改めて述べます。

人間的な成長とともに海外留学する大きな意味は、日本を再発見できることです。長く海外にいて、成田空港に降り立ったときの何とも言えない安堵感、心地よさは、誰もが感

じることだと思います。そして日本の良い面、悪い面も海外に身を置くからこそ見えてくるのです。

これは、どこの国の人間でも同じだと思います。自分の属している国家というものを、海外から、ある意味、相対化して見ることができれば、ムキ出しの「愛国主義」を振りかざすこともなく、ほんとうの意味での誇り高き「愛国心」（patriotism）を持てるようになるはずです。

異国の地で日本を見つめ直すことは、異文化のなかで自分は何者なのか、自己の存在、アイデンティティを再認識する、またとない機会となります。

さきごろ、ノーベル化学賞を受賞したアメリカのパデュー大学特別教授の根《ね》岸《ぎし》英一《えいいち》氏が、受賞時の記者会見で、内向き志向の日本の研究者に向けて「若者は海外に出よ。ある一定期間出ることで日本を外から見ることが重要」と述べました。まさにその通りです。

ただし、日本を再発見し、自己を再認識するには、日本や日本文化のことをよく知り、教養を深めておく必要があります。そうでなければ、せっかく海外に行っても、日本語のすばらしさや日本文化の奥深さに気づけないかもしれないからです。

海外では、自国の文化や歴史についてきちんと話せなかったら、必ず軽蔑されます。日本人としての素養を身につけることは、留学先の国・地域の歴史や文化を深く知るうえでも、また国際感覚を醸成するうえでもきわめて重要です。

そこで国際教養大学では、留学期間中に新渡戸稲造《にとべいなぞう》の『武士道』のほかに、129ページの推薦図書のなかから2冊以上を熟読し、帰国後、留学中の体験に基づく批評的な観点からの感想文（日本語で2000～4000字）を必ず提出することになっています。

感想文は、私がちゃんと読み、ひとりひとりにコメントを添えて、卒業式のときに卒業証書と一緒に返却します。大規模校ではとても無理で、少人数教育だからこそできることでしょう。

『武士道』を必読書にしているのは、日本的な倫理や礼節、道義、美意識が国際社会にも通用することを、いまから一〇〇年以上も前に英語で訴えたという、その事実を知ってほしいからです。『武士道』には、いまの時代から見れば、反発せざるを得ないような記述もあります。

たとえば、封建時代の日本の女性像を引きずっているあたりは、女性ならカチンとくると思います。でも、それでいいのです。批判的に考察することに意味があるのですから。Critical Thinkingは、おおいにけっこうです。

『万葉秀歌』も、ぜひ読んでほしい。若いときでなければ、なかなか読めない本です。推薦図書には入れてありませんが、ほんとうは『新唐詩選』(吉川幸次郎《よしかわこうじろう》、三好達治《みよしたつじ》著/岩波新書)なども読むといいと思います。なかには、

「こんな古くさい本を読むんですか⁉」

と言う学生もいますが、私は妥協しません。いまはこれらの本を読む意味がわからなくても、いつかきっと、「読んでおいてよかった」と心から思えるときが来るからです。

新渡戸稲造は、なぜ英語で『武士道』を書けたのか

いまの日本に必要なのは、若者の意識が外に向くように、知的世界をすこしでも広げるための努力です。そのための根本は、まず語学教育です。わけても英語は、すでに事実上の国際公用語であり、世界中が、その習得を国家的教育方針として取り組んでいます。

中国、台湾、韓国などの東アジアの近隣諸国はもとより、東南アジアの非英語圏の国々でも、苛烈《かれつ》なグローバル化時代を生き抜くために、英語習得の真剣な議論が行なわれています。いまや英語力は、国力をはかる重要な指標のひとつになりつつあるのです。

ところが、英語教育の必要性を唱えると、必ず母語の日本語がおろそかになると反論す

学長推薦図書

必読書

『武士道』 新渡戸稲造/著 矢内原忠雄/訳（岩波文庫 初版刊行1905年）
日本および日本人の道徳的規範を日本の精神土壌において解明し、国際社会にアピールした本書は、今日の時代においても光彩を放っており、日本の文化的伝統を知るための古典的著書である。AIUの学生は、英語で書かれた原本と矢内原忠雄氏の名訳の両方を熟読してほしい。

推薦図書

『万葉秀歌〈上・下〉』 斎藤茂吉/著（岩波新書 1983年）
著名な歌人による万葉集の選歌と、その解説を読むこと自体が教養である。

『三酔人経綸問答』 中江兆民/著 桑原武夫、島田虔次/訳・校注（岩波文庫 1887年）
明治中期に政治、思想そして国際関係を、酔いにまかせて3人のインテリが論じたかたちの傑作問答集。

『菊と刀〜日本文化の型』 ルース・ベネディクト/著 長谷川松治/訳（講談社学術文庫 1946年）
日本に来たことのない、アメリカの女性文化人類学者が見抜いた「恥の文化」の日本人論。

『文明の生態史観』 梅棹忠夫/著（中公文庫 1974年）
従来のイデオロギー的世界観に代わる文明論モデルを提起するとともに、イスラム圏を西洋と東洋の中間の「中洋」と、とらえた野心作。

『論文の書き方』 清水幾太郎/著（岩波新書 1959年）
社会学者であり、行動する知識人として知られた著者が、文章表現の根本を説いた名著。

『文明が衰亡するとき』 高坂正堯/著（新潮選書 1981年）
国際政治学者の深い教養に裏付けられた文明論であり、日本への警告でもある。第二部「通商国家ヴェネツィアの栄光と挫折」は圧巻。

る人がいます。しかし、日本語も含めて日本の伝統や文化を尊重することと、グローバル化する世界に対応するため英語力を高めることとは、実は矛盾するものではないのです。

むしろ英語力を鍛えることとは、母語である日本語の学習にもプラスになります。

たとえば、〝gesture〟という単語を日本語に置き換えると、「身振り、手振り、しぐさ」などの多様で豊かな表現が可能です。

あるいは〝graceful〟なら、「優雅な、上品な、しとやかな、気品のある」などのほかに、「たおやかな」といった、いまではめったに使われなくなったけれど、日本人として知っておきたい美しい日本語も、英語と対比させることで伝えていくことができます。

こうして、日本語を再発見できるのです。

英語教育に力を入れると日本語がダメになる、といったゼロサム・ゲームのような論理はナンセンスで、英語を学ぶことで、日本語の表現力や日本の文化をより深く知ることにつながるのです。

それには英語の学習は、なるべく早いうちから始めたほうがいい。

東京外国語大学の前身は、一八七三年に東京神田一ツ橋にできた東京外国語学校で、一番人気の英語科には、岡倉天心《おかくらてんしん》、内村鑑三《うちむらかんぞう》、嘉納治五郎《かのうじごろう》など、日本の近代化を担った優秀な人材が全国から参集しました。いずれも10歳そこそこでした。

盛岡藩士で藩主・南部利剛《なんぶとしひさ》の用人を務めた新渡戸十次郎《じゅうじろう》の三男として生まれた、新渡戸稲造もそのひとりで、入学したのは満11歳。彼は、ここでお雇い外国人から英語による英語の授業を受け、その後、札幌農学校へ二期生として入学します。「少年よ大志を抱け」で有名なウイリアム・クラーク博士はすでにアメリカへ帰国しており、新渡戸とは入れ違いでした。

彼らは、小さいうちから生きた英語をネイティブのスピーカーから直接学びましたが、日本語や日本文化の理解が劣ったかといえばまったく逆で、卓越した英語力とともに、世界に日本の精神風土や伝統文化を発信できるだけの広く深い教養も身につけていきました。

『Bushido：The Soul of Japan』（『武士道』／一九〇〇年）を、新渡戸が流麗な英文で著すことができたのは、そのためです。この本は世界的なベストセラーとなり、いまだに名著として読み継がれています。

なぜ、新渡戸は英語で『武士道』を書けたのか——。

この国は、いま一度、それを自らに問うべきです。

英語はまず耳から——スズキ・メソードの方法論

その意味では遅まきながらも、二〇一一年から小学校高学年（五、六年）で週1コマ、年間35単位時間の「英語活動」が必須科目として導入されるのは、画期的なことです。できれば、小学校の低学年から英語になじみ始めれば、なおいいと思います。

その際、ぜひ参照されるべきは、先述した「スズキ・メソード（Suzuki Method）」です。スズキ・メソードとは、音楽を通じて心豊かな人間を育てる幼児教育法で、ヴァイオリニストの鈴木鎮一先生によって創始されました。いまでは、世界中にその賛同者がいます。

スズキ・メソードは、脳の柔らかい幼児のうちからクラシック音楽を耳で聴いて覚え、繰り返し練習することで自分のものにする、というもので、その核心は「暗譜《あんぷ》」と「繰り返し」にあります。

音楽と語学の習得にはおおいに相関性がありますから、スズキ・メソードの方法論は、文法やスペルから入るのではなく、「耳で聞いて、覚えて話す」ことで外国語を自分のものにする、という語学習得の方法として、十分応用が可能だと思っています。

かく言う私は、鈴木先生が戦後まもなく信州松本に開いた、松本音楽院の一期生で、はじめて母に連れられて先生のところを訪ねたのは、小学四年生のときでした。あれから六〇年以上たちますが、夜、疲れて家に帰っても、ヴァイオリンを弾けば、たちまち心が癒されます。鈴木先生のところへ通い、当時、覚えた曲は、いまでも楽譜を見ずに弾けます。

音楽と同じように、英語もまず耳から――。

ぜひ生きた英語を、子どものうちから学ぶようにしてほしいと思います。

異文化理解や感性（情操）教育、そのためのツールとしての英語の習得や、芸術感覚の醸成は、小さいうちに始めたほうが覚えも早いし、豊かな感性を身につけることができます。いまは受験科目本位で、音楽や美術などの感性教育を、本格的に学ぶ機会がほとんどありません。これは、教育の根本を履き違えていると思います。

グローバル社会で通用する、高い語学力と幅広い教養を備えた人材を育成するには、できるだけ早い時期から、国際教養の土台となる異文化理解や感性（情操）教育にも取り組むべきです。

英語を話すには語彙力《ごいりょく》が必須

国際社会で活躍するには、中身のある英語力を身につける必要があります。ただペラペラと口先だけで話すような英語では役に立ちません。

中身のある英語というのは、たとえば、いまの国際社会で起きている問題について、外国人を相手にきちんと英語で語れる、あるいは議論できる、そういう英語力です。

それには、幅広い教養はもちろん、英語の語彙力が必須です。

二〇〇八年一月、国際教養大学で「言語教育の今日的課題」という国際シンポジウムが開かれました。このシンポジウムでは、英語教育における語彙学習の大切さが改めて強調され、次のような報告がなされました。

英語のテレビ放送（CNN、BBCなど）や、新聞（『ヘラルド・トリビューン』『ニューヨーク・タイムズ』など）を8割がた理解するには、派生語も含めて最低でも8000語は必要で、その半分の4000語程度の語彙力がないと、中身はさっぱりわからない――。

これはまったくその通りで、高校を卒業するまでに基本語だけでも最低3000語は覚えるようにしないと、新聞を読んでも何が書いてあるか、ほとんどわからないでしょう。

もっとも、逆に言えば、少なくともそれだけ覚えれば、何とかかろうじて話の内容は理解できる可能性があります。たとえば、北朝鮮の核を巡る「六者協議（あるいは六者会談、六者会合、六カ国協議）」。これは、英語では何と言うのでしょうか。

答えは、Six-party talks。中学生でもわかる、簡単な単語の組み合わせです。

では、関連して「核の不拡散」を英語で言うと?

こちらは、nuclear non-proliferation。核はnuclear 、これにproliferate（拡散する）をproliferationという名詞形にして、否定や欠如のnonをつけただけです。

nuclear non-proliferation を直接知らなくても、nuclear とproliferateさえわかっていれば、意味は理解できるはずです。ちなみに、これにtreaty（条約）をつけると、「核拡散防止条約（nuclear non-proliferation treaty＝略称ＮＰＴ）」になります。

ですから、たとえば「北朝鮮は核の不拡散に反対である」を英語で言うなら、北朝鮮はNorth Koreaですから、これを主語にして、あとは「反対である」の be against に、さきほどのnuclear non-proliferationをつなげるだけです。

North Korea is against the nuclear non-proliferation.

このように最低限の語彙力さえあれば、極端な話、単語を並べただけでも、国際政治上のかなり高度な会話ができるのです。中身のある英語とは、こういうことです。

それには、とにかく単語を覚えることです。そこで、国際教養大学の学生には、英字新聞のコラムを毎日ひとつは読むように勧めています。単語も覚えますし、新しい世界の動きもわかります。中身のある英語力を身につけるには、そうした地道な努力が不可欠です。

「日本語＋英語＋α」の複言語主義のすすめ

最近欧州では、よく「複言語主義（Plurilingualism）」ということが、言われます。多文化共生のために、欧州評議会(Council of Europe)が提唱しているもので、複数の言語を習得すれば、言語どうしがたがいに刺激しあって、母語がより洗練されるという考え方です。

彼らは、「母語＋２言語」の習得を目標としており、その能力をはかるＣＥＦＲ（Common European Framework of Reference for Languages: Learning, Teaching, Assessment＝外国語の学習、教授、評価のためのヨーロッパ共通参照枠）という基準も設けています。

急速に進むグローバル化を考えれば、これからの時代は、なるべく小さいうちから母語である日本語に加え、英語学習を始めるべきだし、高等教育では、英語のほかにもうひとつ別の外国語を習得できるように、努力すべきだと思います。

国際教養大学でも、きちんと自分の意見を表明し、外国人とも議論できるレベルの英語力のほかに、もうひとつ外国語を学ぶように奨励しています。それは形ばかりの第二外国語学習ではなく、少なくとも日常会話程度は十分にできるレベルを求めています。

「英語ひとつでも大変なのに……」と思うかもしれませんが、英語をものにできる人は、もうひとつ別の言語に挑戦しても、たいてい何とかなるもので、留学先では、それぞれがチャレンジしている第二外国語の単位を、ちゃんと取得して帰ってきます。

たとえば、第二外国語に韓国語を学んでいる学生は、やはり韓国の大学に留学するケースが多いわけですが、ソウル国立大学や高麗大学などに一年間留学すると、それこそ英語以上に韓国語が上達して帰ってくる人が多い。お隣の韓国のように地域的に近いと、文化的にも近いですし、言語系統も韓国語は日本語と同類ですので、言葉も比較的学びやすいのです。

その意味では、「母語である日本語＋英語＋アジアの言語」という組み合わせは、言語世界を広げるためにも、ぜひ取り組んでほしいと思います。

ともあれ、ちゃんと英語を学べば、母語である日本語の力も上がるし、そうすれば英語の力もさらに伸びていきますし、もうひとつの外国語にも挑戦できます。言語どうしには、そういう相乗効果や比較対照効果があるのです。

それを引き出すには、なるべく小さいうちから始めることです。

「中嶋さん、あなたの英語は〝the〟が多すぎます」

私自身の言語体験をすこしお話しすると、英語は、高校一年生までしかやっていませんん。高校は、長野県松本深志《まつもとふかし》高校といって非常に語学教育に熱心な学校でした。高校なのに、フランス語とドイツ語が正課としてあり、大学受験はフランス語で受けました。

ところが、前述のように入学したのは中国科でしたから、先生方にはずいぶん不思議がられました。入試のフランス語の成績がよかったらしく、フランス語の先生には入学後すぐに、「なぜ、フランス科に来なかったの?」と言われました。

中国語は大学での専攻語でしたので、いまでも一番得意ですが、英語には長いこと苦労しました。母校の東京外国語大学に戻り、国際関係論を教えるようになって、まさか英語ができないとは言えませんから、必死に勉強しました。それこそ40代までは、いつでも単語が調べられるように、つねに鞄《かばん》のなかに辞書を入れていました。

若い学者のなかには海外留学から帰った人もいて、流暢な英語を話すわけです。正直に白状すれば、劣等感を覚えました。

ある国際会議に出席したとき、こんなことがありました。旧知の海外の研究者が、私のところへやってきて、こう言ったのです。

「中嶋さん、あなたの英語は〝to〟が多すぎます」

私は気づいていませんでしたが、会議で発表したとき、I would like to……のあとにもう一度、to＋動詞を使ったというのです。それで、

「〝to〟は、ふたつはいりません」

と直されたわけです。

それでも場数を踏むうちに、そんな下手くそな私の英語も、だんだん上達していきました。そして40歳を過ぎたころには、やはり若いころから私を知っている米国のある国際政治学の権威から、こうおほめの言葉をいただきました。

「君の英語は、昔と比べてだいぶよくなったよ」

ちなみに、toについて注意してくれたのは、『ジャパン・アズ・ナンバーワン』で有名になったハーヴァード大学のエズラ・ヴォーゲル教授、ほめてくださったのは、カリフォルニア大学バークレー校のR・スカラピーノ教授でした。ほんとうに感謝しています。

ですから、中高年の人も、あきらめずに頑張ってください。始めるのは早いに越したことはありませんが、その気にさえなれば、語学力はいくつになっても伸びるのですから。

上達のカギは、何をおいても語彙力と勇気です。とにかく単語を覚える。さきほども言いましたが、最低でも4000、できれば8000をめざしてください。

あとは、勇気あるのみで、とにかく話すことです。黙っていたら、何も始まりません。日本では「沈黙は金」かもしれませんが、海外では「沈黙は無能」としか思われません。ですから、文法や発音など気にしないで、思いきって話すことです。おかしいところがあれば、よほど意地悪な相手でない限り、「もしかして、言いたいことはこういうこと？」と聞き返してくれるものです。

そうやって勇気を出して話すようになれば、必ず英語は上達します。

外国語を習得する最大の喜びは、自分の世界が広がることです。私は、母語である日本語のほかに、英語、フランス語、中国語を使いますが、ひとつの言語を習得するたびに、自分の世界がひとつ、ふたつ、三つと広がっていくのが、嬉しくてたまりませんでした。

この「自分の世界が広がっていく」という感覚、喜びは、何ものにも代え難いものがあります。その喜びを、ぜひ若い人たちにも実感してほしいと思います。

難問山積の「留学生三〇万人計画」

教養教育の不在は、日本の留学生政策にも大きな影響を与えています。

中曽根《なかそね》政権時代の一九八三年に打ち出された「留学生受け入れ一〇万人計画」は、成長著しい中国からの留学生が急増したため、二〇〇三年には達成されました。これを受けて二〇〇八年には、福田《ふくだ》内閣が「留学生三〇万人計画」を打ち上げました。

目標達成を二〇二〇年とするこの計画は、グローバル化が進展するなか、日本を世界により開かれた国とする、「グローバル戦略」の一環と位置づけ、優秀な留学生を戦略的に獲得することをめざしています。

その方向性に異論はありませんが、では、具体的にどうやってそれを実現するのかとなると、難問山積で、はなはだ心許ないと言わざるを得ません。

これまでたびたび述べてきたように、グローバル化する二十一世紀は、世界的な知の大競争時代になります。それに対応するため、シンガポールやオーストラリアのように、優秀な留学生の確保を、国策として進めている国もあります。

ひるがえって日本はどうかと言えば、いまだにほとんどの大学が、「日本人の教師が、日本の学生だけを相手に、日本語で授業」をしています。まさに「知の鎖国」で、これでは日本語のできる海外の学生以外は、いくら日本の大学で勉強したくても無理です。

優秀な留学生を確保するには、そのバリアを取り除かなければなりません。それには、多くの授業が国際公用語である英語で受けられるようにすることですが、それを実施している大学は、私たちの国際教養大学や国際基督教大学（ＩＣＵ）などＧ４の大学以外には、まだ少ないのが実情です。

そうした思いきったカリキュラムの導入や大学運営をするには、大学自身の大変革が必要であり、先の大学法人化はそのための千載一遇の好機でした。しかし、大学教員の意識はきわめて保守的、閉鎖的で、その多くが変革を望んでいない。

教員が危機感を持って、グローバル化に合わせ、自ら外国語の運用能力を磨くようでなければ、大学の国際化などできようはずもないのです。

留学生を弾《はじ》き出す閉鎖的な日本の大学

台湾の前駐日代表・許世楷《きょせいかい》氏夫人の盧千恵《ろちえ》さんに、『私のなかのよき日本――台湾駐日代表夫人の回想五十年』（草思社）という著書があります。

そのなかに、「台湾はとても親日的な国で、日本は旅行したい国でも移住したい国でも尊敬する国でも1位なのに、留学したい国では2位。1位はアメリカ」という話が出てきます。盧さんはその理由として、アメリカに比べて煩雑《はんざつ》な日本の留学手続きを挙げています。

アメリカなど海外の大学では、TOEFLスコアや成績証明書などを提出することで、事前選考が受けられます。ですから、国際教養大学が、たとえば学生をアメリカ留学させるときは、必要な書類を送って申し込んだら、あとは返事を待つだけです。わざわざアメリカまで行く必要などありません。

これに対して日本の大学は、国費留学生などを除けば、日本へ来る前に入学許可が下りず、来日してから、入学試験を受けるのがふつうです。日本に行ってからでないと、どこの大学に留学できるかわからないわけです。自分たちは書類だけで海外留学できるのに、受け入れるときはそうしない。きわめて差別的です。

さらに言えば、定員管理の問題もあります。日本の大学は、留学生の定員を明示しないで「若干名」としているところが多いのですが、これは留学生を入れて定員オーバーすると、助成金をカットされるからです。これも留学生にとっては、最初から弾き出す論理と映るはずです。

また、大学院を希望する学生には、研究生という制度がありますが、これは正規の学生ではなく、事実上大学院受験予備生にすぎません。そして、一年ほど希望する大学に通って、やっと入学試験が受けられる場合が多いのです。非常に不安定な身分を強いられます。

日本の大学がこれだけ閉鎖的であれば、海外の優秀な学生は、わざわざ日本へ留学しようとは思わないでしょう。誰だって「面倒だな……」と思います。金銭的負担も大きい。

そこで、こうした状況を打開するため、二〇〇二年から「日本留学試験」という新しい制度が始まりました。私が座長となって作ったもので、年二回（六、十一月）、アジアを中心に世界16都市で試験を行なっています。ただし、受験者数はあまり伸びていません。

日本の大学がこの試験をまだ十分に評価せず、受験者にもう一度、自分の大学の試験を受けさせるからです。また、日本への留学生がもっとも多い中国が、この試験を利用して

国際色豊かなカフェテリア(上)と食堂(下)。学内イベントの日に、仮装している学生もいる

いないことも大きい。自国の留学生を、自分たちで管理したい中国政府の意向などが背景にあるようです。

ともあれ、海外から優秀な留学生を呼ぼうと思ったら、前にも述べた、大学間での単位互換システムの活用や、セメスター制度による九月入学の導入など、ほかにもやるべきことはたくさんあります。しかし、これらも実施している大学はほとんどありません。

留学生を受け入れるための宿舎や奨学金も、大きな課題です。

国際教養大学では、キャンパス内に外国人留学生も居住できる宿舎を用意していますし、奨学金もかなり受けられるようになっています。二〇一〇年時点で、日本学生支援機構（JASSO）や、秋田県などの奨学金を受けている交換留学生は、全部で五四人。留学生に占める受給率は約30％となっています。そのほかに、奨学金を貸与されている学生もいます。

いずれにしろ、海外からの留学生を門前払いするような閉鎖的な制度と体質を改めない限り、海外の優秀な学生を世界から呼び込むのは、きわめて難しいと思います。

躍進する中国と韓国、存在感をなくす日本

こうやって「知の鎖国」をいつまでも続けていたら、この国はほんとうに世界から置いてきぼりを食ってしまいます。

中国や韓国などの優秀な学生は、かつての日本の学生がそうであったように、どんどん海外の一流大学をめざしています。それを、世界の一流大学もまた、こぞって獲得しようと躍起になっています。

グローバル化した世界で、いまや大学は、かつてない競争の時代を迎えています。国境を越えた頭脳や人材の獲得競争は、年々激しさを増すばかりです。しかも、大学はどこも財政的に苦労していますから、できれば優秀で裕福な留学生に来てほしい。

「中国のお金持ちの子弟が来てくれるといいんだけれど」

おそらく多くの大学は、そう思っています。

二〇一〇年三月、ハーヴァード大学のドルー・ギルピン・ファウスト学長が初来日し、レセプションがありました。ハーヴァードの長い歴史のなかで、初の女性学長となった歴史学者のファウスト氏は、その席でこう言いました。

「知識や才能に国境はありません。ハーヴァードは、優秀な学生、優秀な教授陣を世界中

に求めたいと思います」

米国最古（創立一六三六年）の歴史を誇る世界の超名門大学でさえ、いまだかつてない大競争時代を迎え、「うかうかしていられない」と思っているのです。

つまり、海外へ留学する側も、受け入れる側も、グローバル化する知的基盤社会をどうやって生き抜いていくか、それぞれ必死なのです。

ハーヴァード大学の学部・大学院を合わせた、国別留学生数の推移を見ると、日本人は一九九九～二〇〇〇年度に一五一人在籍していましたが、二〇〇九～二〇一〇年度には一〇一人に減少。同時期に中国の学生は二二七人から四六三人へ、韓国の学生は一八三人から三一四人へ急増しています（『読売新聞』二〇一〇年三月十日）。

世界へ躍進する中国、韓国。そのいっぽうで世界の舞台から存在感をなくす日本――。この数字は、それを如実に示しています。そして同様の傾向は、米国の他の名門大学でも見られます。かつては存在感のあったイギリスなどでも、日本の影は、年々薄くなるばかりです。

結局、それもこれも、この国が外国語教育を含む教養教育をないがしろにしてきたツケと言うしかありません。だから、海外留学する若者はどんどん減りますし、海外から留学生を呼び込もうと思っても、なかなか優秀な学生が来てくれない。出て行かないし、来てくれない――。

国をあげて高等教育の凋落を何とかしない限り、この状況は、なかなか変わらないのではないかと思います。

五章

企業の求める人材が変わった

「英語の社内公用語化」に賛成する理由

二〇一〇年の上半期、いまや日本を代表する流通企業となった楽天とユニクロが、二〇一二年をめどに英語を社内公用語にすると相次いで発表し、話題を集めました。

新聞社などの各種の世論調査を見ると、「英語の社内公用語化」にはおよそ8割の人が反対であり、その理由としては、

「日本人どうしで、英語で議論なんて非効率きわまりない」

「仕事はできないのに、英語ばかりできる人間が重用される」

などの意見が多く見られました。たしかに、そういう面はあるかもしれません。

それでも、私は英語の社内公用語化に賛成です。おおいに進めるべきだと思います。

英語はすでに国際公用語であり、ビジネスをグローバル展開する企業であれば、英語で仕事ができる日本人社員を揃えるのは当然ですし、また現地や本社のスタッフとして優秀な外国人社員を迎えるには、英語を社内の公用語にして、日本語ができなくても、彼らが安心して英語で仕事ができる環境を用意する必要があるからです。

たとえば、あなたがインドの一流大学を出たインド人で、英語がペラペラだとします。インドで近々、日本とアメリカの有名ＩＴ企業が、それぞれ採用活動をすることになりま

した。

日本の会社では現地法人はともかく、東京の本社は日本語が公用語で、資料もメールも会議も日本語です。いっぽう、アメリカの会社は現地法人も本社も、もちろん英語で仕事ができます。これで、仮に給与などの条件がほぼ同じとしたら、どちらの会社に就職しますか？

私なら、迷うことなくアメリカの会社を選びます。言葉の壁がないからです。

日本の会社に入れば、日本語が壁となって十分な意思疎通ができない。現地法人では出世できても、本社で上をめざすのは難しいでしょうし、コミュニケーション不足から「本社は何を考えているんだ？」と不信を抱く場面も出てくるかもしれません。

その点、アメリカの会社なら英語ですべて通じます。本社での出世もかなうかもしれない。アメリカの会社に就職したほうが、言葉の壁がないぶん、絶対に働きやすいのです。

つまり、日本語を公用語にしている限り、広く世界にグローバル展開するのは難しいし、海外の一流の人材もなかなか来てくれないのです。

だから、ＩＴ企業のような世界を相手にする会社なら、英語を社内の公用語にすべきです。

そうすることで、それまで閉じていた世界との壁を突き崩し、たとえば海外情報へのアクセスを容易にするなど、とかく内向きになりがちな日本人社員の海外への開放度を上げて、全社的にグローバル化への意識づけをし、ひいては日本の国際的地位の上昇に資するのです。

ガラパゴス化する日本

英語の社内公用語化の問題は、構造的には留学を巡る日本の大学の抱える問題とまったく同じです。海外で学ぶには英語力が必須ですし、優秀な留学生に来てもらうには「授業はすべて英語で行なう」という環境を整備せざるを得ない。なのに、それができないでいる。

外国語を含む教養教育の不在は決定的で、日本の大学は、世界に通用する優れた人材をかつてのように育成できなくなっています。その意味では、高等教育における教養教育の不在の、いわば尻拭《しりぬぐ》いを企業はさせられているとも言えます。

それでも、企業に体力のあるうちはよかったのです。

「大学で学んだことなど、どうせ社会に出てしまえば何の役にも立たない。必要な人材は、採用したあとに、自分たちで仕事を通じてちゃんと育てる」

そういう余裕がありました。学生の質などたいして吟味せずに、それこそ大学のブランドだけでどんどん採用した。それに大学も甘えて、ろくに勉強もさせないでさっさと社会へ送り出してしまった。その意味では、企業と大学は共犯関係でもあります。

ＯＪＴ（On the Job Training）で、日本の企業が伸びてきたのは事実ですが、それはエコノミック・アニマルでも許された時代の話です。バブルが弾け、ＩＴ革命が進み、世界が急速にグローバル化するなかで、もはやそれではやっていけなくなりました。

グローバル化が進む今日のような環境にあっては、卓越した外国語によるコミュニケーション能力――とりわけ国際公用語の英語力――と、広く深いほんものの教養がなければ、世界の苛烈なビジネスシーンで勝ち残っていくことは難しいのです。

世界で勝負するには、たんに英語がしゃべれるだけではダメです。英語を使って、きちんと議論やコミュニケーションができないと意味がない。海外の文化や価値観を理解したうえで、信頼できるコミュニケーションができなかったら、仕事にならないからです。

しかし、教養教育不在の日本の大学は、そうした人材を育ててきませんでした。

世界への対応不全を放置したまま、日本企業はドメスティックな国内市場への過剰適応に走り、気がつけば、携帯電話に象徴される日本でしか売れないものづくりに奔走し、ついには、世界市場から孤立する「ガラパゴス化」を起こしてしまったのです。

教養教育をないがしろにし、世界に通用する人材育成を怠ってきた結果、この国はグローバルな視点を十分に獲得できず、視野狭窄《しやきょうさく》に陥ってしまったのだと思います。

それは、エリートの育成を放棄した戦後の平等教育の限界でもあり、ある意味、必然的に迎えた末路ではなかったかと思います。そもそも健全な競争と差別を同列に論じ、順位づけを極度に嫌って、運動会ですら手をつないでゴールするなどという馬鹿げた教育をしていたら、世界と伍して戦える人材など育つはずがないのです。

そうした戦後の教育のありようが耐用年数を迎え、もはや完全に機能不全を起こしてしまった。企業による英語の社内公用語の動きは、それを象徴する出来事だと思います。

企業が気づいた新卒大学生の質の悪さ

関連する話をもうひとつ。最近、大手企業による外国人採用が目立って増えています。

たとえばパナソニックは、二〇一一年度の採用予定一三九〇人のうち、国内は前年度比4割減の二九〇人とするいっぽうで、海外は約1・5倍の一一〇〇人に増やす計画といいます（『産経新聞』電子版二〇一〇年九月四日）。

また、中国やインドで現地採用をするなど、積極的に外国人を採用している楽天は、二〇一一年度の採用予定六〇〇人のうち一〇〇人を外国人にする計画だそうですし、二〇〇八年度から外国人留学生の新卒採用を始めたローソンは、二〇〇九年度に三九人（採用全体の3割）の留学生を採用し、今後も二〇人程度の採用を続ける予定としています（『AERA』二〇一〇年四月五日号）。

このように、外国人の採用をなぜ企業は増やすのかと言えば、ひとつは言うまでもなく海外で事業展開するためですが、もうひとつ大きな理由は、日本人の新卒者より彼らのほうがずっと優秀であることに企業が気づいてしまったからです。

日本の大学教育の世界に長く身を置く者のひとりとして、これは大変残念ですが、留学生政策に関与してきた者としては、喜ばしいことでもあります。優秀な外国人留学生に比して、日本人の大学生が質的劣化を起こしているのは、まぎれもない事実だからです。

「基本的に幼稚化している。講義中に私語が絶えない」

「英語力の低下が著しく、ゼミで原書講読をやろうと思ってもできない」

「中国人留学生のほうが、日本人の学生よりはるかに優秀だと認めざるを得ない」

「日本人は発言しない。留学生がいなければ、もはやゼミの議論も成立しない」

そんな声を他大学の先生からよく聞きます。複数の国で学生を教えた経験を持つある外国人教授は、「日本ほど学生の学ぶ意欲の低い国を見たことがない。これでは、ソニーがサムソンに負けるのも無理はない」と嘆いていました。

こうした背景には、大学進学率が50％超のユニバーサル化を迎え、安易なAO入試をはじめとする多様化した入学試験によって、高校卒業時に当然身につけているべき基礎的な学力がないまま、大学に進学してしまう学生が増えていることがあります。

このため多くの大学では、学力不足を補う初年次教育を塾や予備校にまで委託して行なっているようですが、それにも限度があります。

基礎的な学力がない状態で大学に入り、それが解消されないまま——しかも教養教育も不在のまま——専門性の高い講義を受け、三年になったらもう就職の準備です。

これでは、世界で通用する人材など育つはずがありません。

それに比べて、海外の大学生は真剣に勉強しています。成長著しいアジアの新興国の学生は、特にそうです。海外に出て活躍したいという意欲に満ち溢れています。

むろん、日本に来ている留学生もそうです。日本への留学は、手続きが面倒なうえに言葉の壁もあります。それでもあえて日本へやってくる人は、覚悟も意欲も半端ではありません。必死で日本語を覚え、世界への飛躍を夢に見ながら、あるいは博士学位の取得をめざして、それこそ死にものぐるいで勉強します。

大学をレジャーランドと勘違いして、四年間遊んで過ごす日本人の学生と質的に大きな差ができるのは当然です。そのことに企業は気づいてしまった。海外展開する企業にとって、そうした優秀な留学生は、まさに喉《のど》から手が出るほどほしい人材なのです。

遊んでいる学生に未来はない

英語の社内公用語化や外国人の採用拡大は、一義的には事業を海外展開するためと思われますが、いっぽうでは、そうやって英語のできる優秀な外国人社員を増やすことで、社内に刺激を与え、活性化をはかっている面もあるのではないかと思います。

これまでライバルは日本人だけでしたが、これからは世界中から来る優秀な外国人社員も横一線で評価されるようになります。技能やマネジメントに同程度の実力を持っていても、英語力が劣れば、外国人社員に遅れを取ってしまうかもしれない。

そういう危機感を持たせることで、グローバル化への意識づけを行なうとともに、優秀な外国人社員に負けないように、英語力はもとより、さまざまな面でスキルアップを促す。そうすれば、全社的な人材の底上げにもなります。

楽天やユニクロに続いて、大和ハウスが全社員にＴＯＥＩＣの受験を義務づけると発表したり、日本電産が二〇一五年以降、管理職（課長代理相当職以上）の昇進には外国語をひとつ、二〇二〇年以降、部長になるには外国語をふたつ習得することを条件にすると発表していますが、これらにも、そうした狙いが含まれているように思います。

ちなみに楽天は、入社三年目程度でＴＯＥＩＣのスコア６００点以上、管理職級で７００点以上、執行役員候補級で７５０点以上を求めているようです。

ただし、仕事で使える英語力を考えると、このスコアは高いとは言えません。国際教養大学の学生は、その多くが卒業までにＴＯＥＩＣは９００点を超えています。

また、国際教養大学は教員の半数以上が外国人ですので、学内の公的な会議（教授会や教育研究会議など）はすべて英語で行なっています。

したがって、英語を社内公用語化し外国人の採用を増やすことに異論はありませんし、おおいにやるべきだと思いますが、やるからには特に意思決定に関わるような人は、言いたいことをちゃんと言えるレベルの英語力をしっかり身につけなければなりません。

そうでないと、会議などで萎縮してしまい、英語の達者な人間に議論を引っ張られる恐れがあります。経営陣に外国人が入ってくるような場合は、そうしたリスクも十分に考慮に入れておいたほうがいいかもしれません。

いずれにしろ、企業が採用を控えるなか、新たに登場してきた外国人はとても手ごわいライバルです。日本に留学している学生は、母語のほかに英語と日本語ができます。しかも大学でしっかり勉強していますから、きわめて優秀です。

いい会社に就職しようと思ったら——特に海外展開を積極的に行なっているような会社に就職しようと思ったら——、彼らと勝負できるだけの実力を身につける必要があります。そうでなかったら、彼らに勝てません。

大学で勉強もせず、遊んでいる学生に未来はないと知るべきです。

その意味でも、楽天やユニクロが先鞭《せんべん》をつけた英語の社内公用語化の動きは、惰眠をむさぼっていた学生たちに、「このままではまずい！　ますます就職できなくなる！」という強烈なインパクトを与えたのではないでしょうか。

この国は、そういう衝撃でもないと、なかなか変わっていかないところがありますから、「そこまでやるのはおかしい」と多少批判が出るくらいで、ちょうどいいのです。英語力の必要性を日本社会に知らしめた点において、実に功績大であったと思います。

私は『毎日新聞』二〇一〇年十一月六日の「新教育の森」で、「大学も企業も変わるべきだ。日本企業のほうが製品力が高いのに、国際社会でサムスンなどの韓国企業に比べ停滞している背景には発信力の差があり、この差は英語力に負うところが大きい」と述べたばかりです。そして、国際教養大学で英語と韓国語を身につけた女子学生は、日本サムスンへの就職が決まっています。

企業がほしいのは、世界で活躍できる即戦力

「大学はちゃんとした〝完成品〟を作ってほしい」

最近、企業のトップの方たちとお話しすると、よくそういうことを言われます。〝完成品〟とは即戦力のことです。かつて企業は、ＯＪＴなどで自前の人材育成をしました。希望者を募り、海外の大学へ留学させる余裕もありました。

しかし、長期不況に突入して以降、企業にそうした余裕はなくなりました。リーマンショック以降は、グローバル展開を積極的に行なう企業などから、「世界で活躍できる即戦力がほしい」という話をさかんに聞くようになりました。

この場合の即戦力とは、たんに英語ができるだけでなく、幅広い教養と高いコミュニケーション能力を駆使して、入社してすぐに海外で仕事ができる人材を意味します。

英語ができるだけの人材なら、帰国子女をはじめいくらでもいます。また高いコミュニケーション能力には当然、優れた論理的思考能力も含まれます。ロジカルな思考ができなければ、相手が納得するような理詰めの会話はできないからです。

企業が求めているのは、海外に行っても臆《おく》することなく自分の言いたいことを論理的にきちんと相手に伝えることができて、相手の主張に対してもしっかり反論できる対人コミュニケーション能力の高さであり、それを裏づける深く広い教養を備えた人材です。ビジネスも最後は人と人ですから、相手国（地域）の文化や価値観などの理解はきわめて重要であり、そうしたことも熟知したうえでコミュニケーションをはかり、信頼を勝ち得なかったら、結局、いい仕事はできないからです。

しかし、教養教育不在の日本の大学は、本来、学士課程で身につけるべき、そうした高い語学力や幅広い教養を備えた人材を育ててきませんでした。

企業が、海外からの留学生を含む外国人の採用拡大に動き出したのは、まさにそのためであり、いまの日本には、それだけ即戦力となる優秀な人材が不足しているのです。

日本でしか働きたくない人間は、もういらない

昨秋、訪れたモンゴルで、政府関係者からこう言われました。

「モンゴルには資源がたくさんあります。ぜひ日本の企業に来てほしいのです。でも、なかなか来てくれない。そして、中国やカナダの企業がみんな持って行ってしまうのです」

同じようなことは、オーストラリアでも聞きました。世界はまだまだ日本に期待しているのに、それに応えられない。資源外交に力を入れている中国や韓国などの後塵《こうじん》を拝しているのです。残念でなりません。

中国の経済発展というと、すぐに上海の超高層ビル群のように、その圧倒的な都市の変貌ぶりをイメージする人が多いと思いますが、すこし視点を変えると、あの国のしたたかな外交政策の一端をはっきりと見ることができます。

中国東北部の一番北、黒竜江省《こくりゅうこうしょう》にハルビンという都市があります。もうすこし行けばロシアという北の街で、冬の朝の最低気温は平均で氷点下24度。かつては、ロシア革命を逃れた白系ロシア人が多く住んだ街としても知られています。

この街に、中国東北部でもっとも重要な理工系大学であるハルビン工業大学がありま す。中国研究は私の専門であり、中国へ行くと、フィールドワークの一環で、以前から継

続的にチェックしている定点観測地点へ必ず立ち寄るようにしていますが、ハルビン工業大学は初訪問でした。今春には、そこで日中関係について講演したのですが、アフリカからの留学生が大勢いることに驚きました。

しかも、私たちがすぐに思いつくような国の出身者ではなく、

「あれ、こんな国がアフリカにあったのか？」

と思わず首を傾《かし》げてしまうような、一般的には知名度の低い国からも留学生が来ているのです。いま中国は、猛烈な勢いでアフリカで資源外交を展開しています。それは中国にとってきわめて重要な国家戦略のひとつであり、ハルビン工業大学はアフリカから留学生を受け入れることによって、その一端を担っているのです。

大学がそのような形で国家戦略の一端を担うなど、日本ではあり得ないことですが、中国ではそれを国策として推進し、どんどんアフリカ諸国との関係を深めています。

ひるがえって日本はどうかと言えば、最近はホテルひとつ出すにも臆病になっています。たとえば、ロシアのウラジオストクは、いま大変な日本ブームで、大学では松下幸之《まつしたこうの》助《すけ》の経営語録をテキストにして、かなり高度な日本語の授業をやっていたりします。

ですから現地では、ホテルなども日本から進出してほしいと思っているのですが、すっ

かり縮こまってしまって、ちっとも出て来ない。進出するのは韓国資本ばかりで、いまウラジオストクで一番大きなホテルは、ヒュンダイ（現代）ホテルです。

こうした日本人の内向き志向は、前にも述べたように、本質的には大学における教養教育の不在を淵源《えんげん》とするものですが、いっぽうで会社勤めのビジネスマンからは、

「英語（外国語）ができるからという理由だけで、長期間の海外勤務を命じられ、あげくに出世が遅れたのではたまったものではない」

といった恨み節も聞こえてきます。企業のおかしな人事によって、「それなら海外などごめんだ」と、日本のビジネスマンをいっそう内向きにしてきた面もあったのでしょう。

しかし、さすがに企業側も、いつまでもそんなことをしていたのでは、世界でバリバリ働いてくれる優秀な人材は確保できません。海外で働いてくれる優秀な人材には、応分の処遇で報いるのが当然ですし、またそうでなかったら、これからの海外展開などうまくいくはずがないのです。実際に、最近はそうした人事が増えてきているようです。

そうなると今度は社員としても、もはや「海外には行きたくない。国内でしか働きたくない」などと、のんきなことは言えなくなります。

これからの時代、そんな内向き社員は、確実に居場所をなくすだけでしょう。

企業は、個性的で心の強い人材に飢えている

英語の社内公用語化を糸口に、全球化《グローバル》時代に企業が求める人材像を見てきました。

企業は、いま「世界ですぐに活躍できる人材」を真剣に求めています。繰り返しますが、それはたんに英語ができるだけでなく、幅広い教養も備えた高度なコミュニケーション能力を持つ人材です。しかもモンゴルでもアフリカでも臆することなく、飛び出していけるたくましさがないといけません。

さらに言えば、ほかの誰でもない、その人ならではの独自の視点や個性もほしい。そうした魅力的な人間でなければ、海外へ出て行っても、なかなか人の懐に入っていくのは難しいからです。企業は、そうした有能かつ個性的で心の強い人材に飢えています。

ありがたいことに、国際教養大学は、そうした企業の求める人材を育成できる大学として、近年高く評価していただいています。たとえば、キッコーマンに入った女子学生がいるのですが、入社後しばらくして、茂木《もぎ》友三郎《ゆうざぶろう》会長から「ほんとうに、よい学生をありがとうございました」と直々にお電話をいただきました。

「英語ができ、韓国語もできる。人格もすばらしい。面接を何度もやりましたが、採用に反対する者は誰ひとりいませんでした。すでに、現場でいい仕事をしています」

彼女は、秋田から遠い島根県の隠岐島《おきのしま》の出身で一期生でした。

東北電力にも採用していただいていますが、採用の決め手は、英語力はもちろん環境学も含めた幅広い教養にあったようです。いまや電力会社は、たんに電力を供給すればよい時代ではなく、原子力の問題も含めて地球レベルでのさまざまな環境対策が求められるようになっています。そうした時代の変化に応えられる即戦力として、評価されたのです。

企業にとって、社員の生涯賃金はかなり大きいですから、いまはどこも採用には慎重になっています。大学のブランドで選ぶとか、コネクションで採用するとか、もうそういう時代ではありません。採用に当たっては何回もグループ面接をしたり、おたがいにディスカッションさせたり、ディベートをさせたりと、かなり手間もかけています。

そうしたなかで国際教養大学の就職率は、一期生を送り出した二〇〇七年度以来、毎年ほぼ100%を維持しています。そして、女子学生も多いのですが、ほぼ全員が総合職で採用されています。

その理由として、独自のカリキュラムや大学運営などがあることはすでに述べた通りですが、即戦力の人材育成に直接関わるものとしては、海外留学を含め、以下の三つのキャリア支援策があります。

①海外留学
②キャリア教育
③インターンシップ
順に見ていくことにしましょう。

一年間の留学で培《つちか》われる社会人基礎力

まず留学ですが、これは、国際教養大学の学生が企業に評価される大きな要因のひとつになっています。繰り返しになりますが、国際教養大学は学生全員に海外留学を義務づけており、在学中のいずれかの時点で、必ず提携大学に一年間留学しなければなりません。

しかも留学するには、ＴＯＥＦＬスコア５５０点をクリアする必要があります。これを超えない限り、留学は許されません。やっとそれをクリアして留学に行ったら、今度は25～30単位を取得してこないといけない。それでも、ＴＯＥＦＬスコア５５０点をクリアした自信から、「何とかなるだろう」と思って出かけて行くのです。

しかし、その自信はすぐに打ち砕かれます。英語での授業に慣れているとはいえ、ネイティブの先生が話す英語のスピードにすぐにはついていけないのです。留学先のクラスメイトやルームメイトともうまくコミュニケーションが取れず、友だちができないケースもあります。留学先では専門性の高い科目履修を求められることもあるので、英語力が十分でないと、単位の取得も難しくなります。

異文化との遭遇は、このような困難の連続です。その苦労を乗り越え、留学先で友だちを作り、しっかり25~30単位を取得する学生は、人間的に一回りも二回りも大きくなって、それこそ一年前とは見違えるほどたくましくなって、日本へ帰ってきます。

そのたくましさを具体的に考察した論考に、国際教養大学の源島福己《げんじまふくみ》キャリア・デザイン担当准教授兼キャリア開発室長の「大学生の海外留学と社会人基礎力の発達」があります。171ページの表は、その結果をまとめたものです。源島氏は、国際教養大学の学生に、経済産業省が二〇〇六年に発表した「社会人基礎力」の11項目について、留学前と留学後にそれぞれ自己評価に関するアンケート調査を行ないました。

社会人基礎力とは、経産省の定義によれば、「職場や地域社会のなかでさまざまな人と一緒に仕事を行なっていくうえで、必要な基礎的な能力」とされ、最近の企業は、その能力をより多く、より高いレベルで求めるようになっています。

表を見ると、留学修了者は、「主体性」や「課題発見力」など8項目で平均点が4点を

留学の前後で、自己評価はどう変わったか

自己評価点／項目	1 全然身についていない		2 あまり身についていない		3 わからない		4 すこし身についている		5 かなり身についている		平均	
	留学前（人）	留学後（人）	留学前（人）	留学後（人）	留学前（人）	留学後（人）	留学前（人）	留学後（人）	留学前（人）	留学後（人）	留学前（点）	留学後（点）
主体性	1	0	11	1	27	11	36	37	5	31	3.41	4.23
働きかけ力	1	0	18	2	29	28	29	35	3	15	3.19	3.79
実行力	1	0	12	0	30	15	32	40	5	25	3.35	4.13
課題発見力	1	0	10	0	26	19	34	39	9	22	3.50	4.04
計画力	1	0	21	2	23	20	25	36	10	22	3.28	3.98
創造力	5	0	22	4	28	18	18	41	7	17	3.00	3.89
発信力	2	2	31	4	28	4	13	41	6	29	2.88	4.11
傾聴力	2	0	19	1	22	8	24	44	13	27	3.34	4.21
柔軟性	1	0	5	1	22	8	39	24	13	47	2.98	4.46
状況把握力	1	0	4	2	24	13	42	39	9	26	3.68	4.11
規律性	0	0	5	7	22	25	44	32	9	16	3.71	3.71
ストレスコントロール	5	0	23	1	18	16	19	32	15	31	3.20	4.16

（『留学交流』2009年12月号より）

上回っており、特にこれらの力がついたと感じていることがわかります。なかでも、「実行力」「発信力」「柔軟性」は、留学前に比べて伸びが大きく、誰も頼れない異国の地で、そうした力が否《いや》が応《おう》にも、鍛えられている様子がうかがえます。

一年間の海外留学が、学生たちを人間として大きく育てているのです。

キャリア教育で、自分の生き方を考える

次にキャリア教育ですが、国際教養大学では、学生たちに早い段階から職業意識を根づかせるため一、二年生を対象に「キャリア・デザイン」を開講しています。これらは、基盤教育の必修科目です。

キャリア教育というと、すぐに書類作成の方法や企業訪問のマナー、面接の対応方法など、いわゆる就職予備校的なイメージを持たれる方が多いかもしれません。もちろん国際教養大学でも、さまざまなワークショップを通じてそうした情報提供は行なっています。

しかし、私たちのキャリア教育の核を成すのは、仕事や職業に対する深い理解を通して、学生たちが、自分はこれからどうやって生きていくのか、それを真剣に考え、向き合えるようにすることです。

それによって、
○この先、この大学で何を学ぶのか
○どこの大学に海外留学するのか
○卒業したら、自分はどうするのか
といったことを、入学後、比較的早いうちから考えられるようになります。

その結果、さまざまなアルバイトに挑戦したり、地域の祭りなど各種の社会貢献活動に参加したり、後述するインターンシップで企業や官公庁などで、実際に研修生として就業体験を積んでみたりと、いろいろ見聞を広めながら、自分を見つめることもできるようになります。

何も就職させることだけが、キャリア教育の目的ではないのです。

また国際教養大学のキャリア教育では、授業の一環として学生ひとりひとりに、「働くということについてどう考えているか」を個別にインタビューするキャリア・カウンセリングの時間を設けています。少人数教育だからこそできることで、こうしたきめの細かな対応は、他の大学ではまず無理でしょう。

キャリア・カウンセリングで重視していることのひとつは、学生たちが英語力の先に何を見ているか、確かめることです。

国際教養大学に入学する学生は、もともと英語力に自信があり、ＴＯＥＦＬスコアもＥＡＰ修了要件である５００点を最初からクリアしているケースも少なくありません。それだけに、なかにはおかしな優越感を持って入学してくる学生もいます。

しかし、英語がいくらできたところで、それだけでは十分ではありません。問題は、「その英語力を使って、あなたは何がしたいのか。いったい何のために、一生懸命に英語を勉強しているのか」ということです。

何より大事なのは、英語力の先に自分のビジョンを持つことであり、キャリア・カウンセリングでは、担当の先生に、その点をよく話してもらうようにしています。

留学の苦労は、最高の語学学習

グローバル化社会の進展で、英語力の社会的評価は確実に上がっています。と同時に、企業の求める英語力もまた上がっています。たとえば、企業が「おっ、できるじゃないか」と評価する英語力は、いまやＴＯＥＩＣで９００点以上です。

国際教養大学の場合、留学から帰って就職活動に入る時点で、学生の約６割はＴＯＥＩ

C900点を超えています。残りの4割の学生についても、卒業するまでにはTOEIC900点をクリアするようにと言っています。

TOEIC900点は、TOEFLに換算するとだいたい600点です。留学要件のTOEFL550点は、TOEICでは750点くらいです。多くの学生は留学前と後で、TOEFLで約50点（TOEIC換算では約150点）もスコアが伸びます。

留学で苦労すること自体が、まさに最高の語学学習なのです。

いずれにしろ、一流企業に入る学生は、TOEIC900点のレベルの英語力を持っている人が多いですから、そこに割って入るにはTOEIC900点というのは、いまや必須のクリア目標と言っていいのではないでしょうか。

それを考えると、できれば「卒業までに」ではなく、「留学から帰ってくるまでに」クリアできればなおいいと思います。帰って来てからは、就職活動に忙殺されるので、英語力のアップのために、あまり時間が割《さ》けなくなるからです。

それに、TOEIC900点をクリアしていれば、採用面接であえて「自分は英語ができます」と説明する必要は、もはやありません。履歴書にTOEIC900点とあれば、誰だって英語ができると思ってくれます。あえてアピールする必要がない。

企業のなかには、いまだにメディア情報の上《うわ》っ面《つら》だけをすくい上げて、「ああ、あの英語で授業をやる大学ね」と、まるで英語の専門学校か何かのように思っているところもあります。口には出さなくても、そういう企業の担当者と話していると、「英語はできるかもしれないが、それで仕事ができるわけじゃない」と、冷ややかに見ているのがわかります。

企業によっては、英語力のアピールは逆効果になる場合もあるのです。その点、TOEICが900点あれば、自分が何をしてきたか、何をしたいのか、もっと自分の持っている経験や実績、情熱といったものにアピールを集中できます。

これはとりもなおさず、英語力の先に何を見据えて学生時代を過ごしてきたか、まさにそれを語ることでもあるのです。十分に誇れるだけの英語力があるのにあえてそれを言わないことで、逆に評価を高めている面もあるようです。

英語力より、私という人間を見てほしい――。

そう堂々と主張できる強さ。それこそ国際教養大学の学生が、多くの企業から高く評価される所以ではないかと思います。

インターンシップ授業で得る〝気づき〟

キャリア支援の三つめは、インターンシップです。

これはご存知のように、学生が将来のキャリアや夢を実現するために在学中の一定期間、実際に企業や官公庁などで研修生として働くことです。

国際教養大学では選択科目としてこのインターンシップを用意しており、キャリア・デザイン科目の履修を通して早期にキャリア教育を身につけた学生を対象に、二年生の夏休み以降に、二週間〜三カ月の範囲内で挑戦できるようになっています。

挑戦する場合は、個人面談を行ない、どういうインターンシップ先を希望しているのか把握したうえで、受け入れ先の探索に協力します。インターンシップ先は、民間企業や官公庁のほか、NGOやNPOなどの非政府組織や非営利団体などでもかまいません。

働く場所は、大学所在地の秋田である必要はなく、自分の出身地でもよいし、東京などの大都市でもよく、留学先の海外でもかまいません。

秋田の白神山地《しらかみさんち》や北海道の知床《しれとこ》で自然保護の活動をした学生もいれば、自分の出身地に帰って介護施設で働く学生もいます。留学先のシカゴで日本の商社の支店で働いたり、タイのプーケット島のホテルで働いた学生もいます。

インターンシップは、実際の就職と直接結びつけて考えるものではなく、あくまで働くことの意味や、自分の関心のある分野などへの気づきを与えるのが目的です。関心のある分野で働くことによって、その分野に対する関心をより強めたり、最初は関心がなくても、働くことによって関心を持つ場合も少なくないからです。

実際に、最初のうちは金融関係に興味を持っていた学生が、インターンシップを通じて、まったく畑違いの食料関係の仕事に興味を持ち、キャリアの方向性を大きく転換したケースもあります。インターンシップを行なう意味は、まさにこの〝気づき〟にこそあるのです。

なおインターンシップは、授業の一環ですから、

①活動中は、毎日の活動を日誌に記入する

②インターン修了時に、インターンシップ先から修了証明書を発行してもらう

③インターン修了後は、英文でレポートを作成し、修了証明書と一緒に提出する

④修了後の授業で、成果についてプレゼンテーションを行なう

などが義務づけられています。それにより、はじめて単位（3単位）が取得できます。

なぜ、外資系よりメーカーを志望する学生が多いのか

国際教養大学は、授業を英語で行なうイメージが強いせいか、よく「外資系に就職する学生が多いのですか」と聞かれます。もともと英語の得意な学生が多く、一年間の海外留学もありますから、たしかに最初のうちは「卒業したら、できれば海外で活躍を」と漠然と考えている人は、少なくないと思います。

しかし、実際の就職先は、圧倒的に日本のメーカーが多い。

なぜだと思いますか？

キャリア支援を通じて——特に海外留学を通じて——日本を再発見し、「英語力の先にある自分にとってのあるべき未来は、外資系ではない。日本の会社それも、ものづくりのメーカーにこそある」と、考えるようになる学生が多いからです。

外国に長く住んだことのある人なら誰でも感じることですが、日本の製品は品質が良く、海外ではほんとうに高く評価されています。日本にいるときは、それがわからない。海外に出て、はじめて日本のものづくりのすばらしさに気づくのです。

「日本製品は最高だね。ナンバーワンだよ」

現地の人にそう言われ、日本人であることに誇りを感じ、それがきっかけでメーカー志

望になったという学生がいました。また、留学してはじめて「日本の食べものって、何でこんなにおいしいんだろう!」と気づいた学生は、海外で日本の食のすばらしさに目覚め、食品系のメーカーに就職しました。

あるいは、「水がどれほど貴重か、留学してはじめてわかりました」と言って、わざわざ水を扱うアグリビジネス系の会社を探し出した学生や、留学先のタイで胡蝶蘭《こちょうらん》に魅せられ、そうした花卉《かき》を扱う会社に就職した学生もいます。

キャリア支援の一環として海外留学があるというのは、学生たちのキャリア形成を考えるうえで、とても重要な意味があるのです。

外資系の企業に進む学生がほとんどいない理由は、ほかにもあります。外資系は日本に市場を求めて来ているので、わざわざ日本で採用した人を海外へ出すという発想は、基本的にありません。ですから、海外で活躍したい人は、そもそも外資系に入る意味がないのです。それなら、海外展開している日本の企業に入ったほうが、ずっと海外で活躍するチャンスがあります。

そういうことが、キャリア支援を通じてだんだんわかってくるわけです。

企業が評価する、チャレンジの証《あかし》である苦労体験

国際教養大学の学生は、キャリア支援を通じて本気で自分と向き合い、寝る間も惜しんで英語や教養と格闘し、異文化のなかでたくましさを身につけ、やがてブレることのない確かな目標を見つけるようになります。だからこそ、「英語力より、私という人間を見てください」と堂々と言えるようになるのです。

国際教養大学を四年のストレートで卒業するのは、だいたい半分くらいで、一、二年浪人して入学していると、就職時の年齢は、現役で大学に合格し四年で卒業した学生より、三つ四つ年上ということになります。

三菱重工業からはじめて内定を出していただいた学生も、そうでした。いろいろあって数年遅れて入学した学生で、誰もが就職では苦労するだろうと予想していました。企業というのは、一般的に寄り道なしのストレートできた学生を好む傾向があるからです。

ところが、あにはからんや、その年の就職活動で一番最初に内定をもらってきたのが、その学生だったのです。それも、いままで就職実績のなかった三菱重工です。

みんな、びっくりしました。そして思ったのです。年齢の問題ではないのだと。

一流企業には、人材の多様性（ダイバーシティ）を求める懐の深さがあり、年齢に関係

なく、見るところはちゃんと見ているのです。

自分は何がしたいのか。その目標を実現するためにいかに努力してきたか。成果はどうであったのか――。それをきちんと説明できる学生であれば、年齢など関係ないのです。大事なのは、学生時代に、いかに語るべき自分を作れるかです。「これなら誰にも負けない」、そう自信を持って語れる何かを作ることです。

その点、国際教養大学の学生は、語れる自分が山ほどあります。学生時代に何をやってきたかと聞けば、サークル活動などしか答えられない他大学の多くの学生とは、そこが決定的に違うところです。就職活動を経験した学生は言います。

「他大学のみなさんが強みとしてアピールすることって、たいていアルバイトとかサークルなど学校外のことなんですね。でも、私たちは大学のなかでの経験が言えるんです。一年から四年まで真剣に勉強して、留学にも行って、ほんとうにいろいろ経験しているし、そのぶん、苦労もいっぱい知ってるので、結局、経験の深さであったり、乗り越えたハードルの数が違うのかなと思います」(秋田県出身、三期生)

真夜中に図書館で宿題に取り組んだこと、洗濯をためこむ寮の留学生のルームメイトに「たまには洗濯して」とどう言おうか悩んだこと、留学先で英語のスピードについていけず思わず日本に逃げ帰りたくなったこと、異国での暮らしのなかで日本を再発見し、ほんとうに自分のしたい仕事に巡り会ったこと等々——。

苦労話や失敗談だって、それが自慢できるほどのものなら、堂々と自信を持って語ればいいのです。苦労体験はチャレンジの証であり、まぎれもない学生時代の勲章なのですから。

そうやって苦労を乗り越えてきた経験は、他大学の学生にはあまり見られない、たくましさとして企業も高く評価してくれています。

ある企業の方から、こんな言葉をいただきました。

「秋田の郊外の森のなかにある大学だから、学生も何となく小さくまとまっている印象があったのですが、ぜんぜん違いました。留学生が多いからキャンパスは異国情緒たっぷりだし、一年間の海外留学もある。秋田の田舎なのに、世界とつながっている。狭いけれど、とてつもなく広くて、学生は最初から世界を意識しています。

真夜中でも勉強できるように図書館を24時間開けている大学なんて、はじめて知りました。しかも真夜中に行っても、必ず何人か勉強している。そこまでやる気にさせるのがすごい、みごとです。この大学は、たくましさを育てるベースが違うんだなと思いました」

狭いけれど、とてつもなく広い――。

国際教養大学は、まさにそういう大学です。

開拓者精神に溢れた一、二期生

たくましさと言えば、開学まもない一、二期生には、チャレンジ精神に溢れた若者がたくさんいました。彼らは大学の評価はおろか、まだ卒業生もいないときに開拓者精神を発揮して、親御さんの反対を押しきって、秋田の郊外へ飛び込んできてくれました。

冒険心に富んで野心的で、とてもスケールの大きい学生が多く、一生懸命に勉強するだけでなく、東北三大祭のひとつ、秋田の竿燈《かんとう》まつりのチームを立ち上げたり、野球部を創設して好成績をあげたりするなど、クラブやサークル活動をゼロから作り上げることにもとても熱心でした。

彼らのなかには、現役の後輩たちからいまや伝説のように語られている先輩が何人もいます。卒業後、「秋田を元気にしたい。地域活性化の起爆剤にしたい」と秋田にプロバスケットボールの会社を立ち上げ、「秋田ノーザンハピネッツ」というチーム名で日本プロバスケットボールリーグ（b·jリーグ）への参入をはたした水野勇気《みずのゆうき》くん（一期生）など

竿燈《かんとう》まつり（上）と角館《かくのだて》の観光キャンペーン（下）に参加。グローバルとローカルが交錯する

は最たるもので、その生き様はあっぱれの一言です。

彼は、秋田の出身ではありません。東京生まれの東京育ちです。その彼が国際教養大学で学び、幅広い教養を身につけるなかで、衰退する地方都市の実情に胸を痛め、何かできないかと考え、たどり着いたのが、プロバスケチームの創設でした。

企業は、こうした彼らのパイオニア精神を高く評価してくれました。今日に続く評価の礎《いしずえ》を築いてくれたという意味で、彼らには心から感謝しています。

それと、国際教養大学の学生にはもうひとつ、企業が評価する優れた特質があります。それは「思いやり」です。ある企業の担当者から、こんな話を聞いたことがあります。

「国際教養大学で、就職説明会をしたあとのことです。学内で休憩していると、すこし離れたところで学生たちが集まって何か話している。何だろうと聞き耳を立てると、授業に出ていて説明会に参加できなかった学生のために、出席した学生たちが要点をまとめて一生懸命に説明してあげているのです。驚きました。都会の大学では、とうていあり得ないことです」

別の企業の方からは、こんな話を聞きました。

「あるとき、国際教養大学の学生から電話がかかってきました。残念ながら不採用だった学生です。何の用かと思ったら、こう言うのです。私は受かりませんでしたが、後輩にはすばらしい人材がたくさんいます。来年こそ、後輩のことをよろしくお願いしますと。落ちたのに、こんなことを言えるのは、国際教養大学の学生しかいません」

一年生は、留学生と一緒の寮生活なので、自然と仲間意識が強くなります。ですから、就職活動でもそうやってあたりまえのように支え合う。狭いけれど、とてつもなく広い国際教養大学の「狭い」部分が、プラスに作用しているのではないかと思います。

偏差値だけの優等生はいらない

本章の最後に、すこし気がかりなことをひとつ。

就職がいい、偏差値も高い。あの大学なら、いい会社に入れるに違いない——。どうも最近は、そんなふうに考えて国際教養大学を受験する学生が、かなり増えているようです。高い就職率や偏差値は、まさに大学の評価そのものですから、それはそれで大変ありがたいことではありますが、就職というのは結果論であり、大学の本分は、あくまで勉強にあることを忘れてもらっては困ります。

国際教養大学は、外国語も含めて教養教育をきちんと教えることを開学の理念としており、真剣に勉強しないと必須の海外留学もおぼつかないし、四年で卒業できる保証などまったくないのです。どれほど難易度の高い大学でも、入ってしまえば、よほどのことがない限り卒業できる、他の日本の大学と同じように考えてもらっては困ります。

受験生や親御さんが、そのあたりを履き違えていないか、少々心配です。

一番困るのは、「就職がいい」「高偏差値」という理由だけで、受験勉強ばかりのモヤシっ子みたいな優等生が増えて、いわゆる〝偏差値大学〟になってしまうことです。

就職のよさや受験の難易度だけで大学を評価するのであれば、別に秋田の国際教養大学でなくてもいいわけです。実際、そういう大学は東京や大阪、京都などの大都市に行けば、いくらでも見つけることができます。

国際教養大学の存在意義は、秋田市郊外の森のなかで——それこそ近くにコンビニもスーパーもない田舎で——狭いけれど、とてつもなく広い、世界にダイレクトでつながる教養教育を徹底して行なうことにこそあるのだと思っています。

はっきり言いますが、勉強は厳しいです。授業が終わっても、寮に帰って宿題が終わるのは夜の十一時、十二時はあたりまえです。「久しぶりに会った高校時代の友だちとまったく話が合わなかった」とはよく聞く話で、合コンなど、ふつうの学生ならあたりまえの

４年間で卒業できるのは半数ほど。厳しい反面、充実感と達成感がある。入学式での中嶋学長(上)と卒業式風景(下)

イベントも皆無に近いのが実情です。勉強に追われて、そんな暇はないのです。

そんな学生生活を一言で言い表すとすれば、まさに「国際教養との格闘」です。

あえてそうした厳しい環境に身を置ける学生でないと、国際教養大学の学生生活はつらいだけかもしれません。実際に、自分には合わないと去っていく学生も若干います（二〇〇六年度入学者では八人、全体のわずか5・5％）。

では、国際教養大学のほとんどの学生は、なぜそんな厳しい環境に耐えられるのか？

それは、彼らが自分なりの明確な目標を持って入学してくるからです。キャリア教育を通じて、それが軌道修正されることはもちろんありますが、基本的につねに自分なりの目標があります。だからこそ、つらい勉強にも耐えられるのです。

ですから、これから国際教養大学をめざす高校生諸君には、たんに就職がいいとか偏差値が高いということだけでなく、国際教養大学に行き、自分はどうしたいのか、ぜひそれをじっくり考えてほしいと思います。

それが明確であれば、秋田の冬の寒さにも耐えられるし、国際教養大学での学生生活もきっと充実した楽しいものになるはずです。

六章

日本が沈まないために

グローバル化時代をいかに生き抜くか

グローバル化とは、世界が同じ時間のなかに組み込まれることです。チリの鉱山落盤事故の救出劇のように、瞬時にして情報が世界に伝わります。企業の意思決定や人々のコミュニケーションにしても、世界中がその影響を受けます。行政的な国境は残りますが、非常にボーダレスで、今後、垣根はますます低くなるはずです。

垣根が低くなれば、人もモノもカネも情報も、出入りの自由度が格段に増します。

さきごろ、ハンガリーのペーチ市を訪ねました。ウィーンに近い、とても歴史のある街で、まるで街全体が世界遺産のような素敵なところです。ここにハンガリーで一番古く、欧州でも歴史のある大学のひとつ、ペーチ大学（一三六七年創立）があります。

ペーチ市を訪ねたのは、この大学と提携協定を結ぶためで、無事に契約書にサインしたあと、大学関係者からこんな話を聞きました。

「ハンガリーは、ベルリンの壁崩壊後の体制転換以来、積極的に外資を導入し、旧東欧の優等生と呼ばれるほどの成長を続けてきました。それが二〇〇四年にEUに加盟して以来、たとえば、オランダの安いチューリップがどんどん入ってくるようになるなど、国内産業は、EU域内の苛烈な競争にさらされるようになりました。

ＥＵ加盟はハンガリーにとって欧州の一員になることであり、また世界と大きくつながることでもありますから、おおいに歓迎すべきことではありますが、いっぽうでそうした弊害もある。それも含めて、いかにメリットを享受するか。それを模索するのが生き残る道です」

グローバル化とは、まさにそういうことで、自分たちにとって都合のいいものばかりではなく、都合のよくないものもどんどん入ってくるようになるのです。

しかし、だからといって、この流れはもはや止めようがない。中国語で言う全球化《グローバル》の動きは、今後ますます加速し、世界は否応なくその対応を迫られます。競争は激化し、その結果、あらゆる分野で世界標準となる、グローバル・スタンダードが生まれるでしょう。

たとえば大学であれば、それは英語による授業であり、セメスター制度による九月入学であり、大学間での単位互換システムなどであって、これらを導入していない大学は、これからの時代、国境を越えた頭脳や人材の獲得競争から取り残され、優秀な人材を世界へ送り出すことも、海外から優秀な人材を受け入れることもできなくなります。

すでに世界の大学は、そういう「知の大競争」に突入しています。

私は、以前からセメスター制度による九月入学を強く訴えてきました。留学生の受け入れ、送り出しに好都合なだけでなく、企業の通年採用を促すためにも絶対に必要だからです。いまの新卒一括採用が、企業の青田買いを加速し、どんどん就職活動時期を早める要因になっているのは周知の事実です。それが、ただでさえ教養教育の不在で、勉強しない大学生をいっそう学問から遠ざける結果にもなっているのです。

ところが、いまだに「やっぱり入学式は四月でないと。日本人なら桜がなくては」などと言う人がいます。日本人の伝統的な精神性を尊ぶのは大事なことですが、これまで以上に知識が必要とされる二十一世紀の知的基盤社会を生き抜いていくには、桜と入学時期は分けて考えるべきです。入学式は九月にして、桜は桜で四月に愛でればいいのです。「日本人なら、入学式は桜の咲く四月」などという考え方は、グローバルな世界標準とはあまりにもかけ離れたドメスティックな視野狭窄的発想、と言うしかありません。

それでは世界で活躍できるような人材は育たないし、海外の優秀な人材はますます日本を敬遠するばかりです。いまさら国を閉ざすことはできません。世界の全球化は、好むと好まざるとに関係なく、これからもどんどん進みます。

それに対応できなければ、日本は知的孤立を深め、衰退するばかりでしょう。

宗教、民族、国家の対立は避けられないか

世界のグローバル化は、いっぽうで、東西冷戦時代には抑えられていた宗教や民族の対立を惹起《じゃっき》しています。グローバル化が引き起こしたローカル化とも言うべき、この問題にどう向き合い、いかに克服するか。二十一世紀の人類に課された重い課題です。

私は、長いこと大学の授業「グローバル研究概論」での英文テキストとして、ハーヴァード大学の世界的な国際政治学者・故サミュエル・ハンティントン教授の論文「文明の衝突？（The Clash of Civilizations ?）」を使ってきました。

教授は、二十一世紀の国際情勢を大胆に予測し、冷戦後の世界では文明と文明との衝突が主要な対立軸となり、特に文明と文明が接する断層線（フォルト・ライン）で紛争が激化しやすいと指摘しました。

教授が、これを『フォーリン・アフェアーズ』に発表したのは一九九三年夏のことですが、世界はその後、まさに教授の予測した通りに動いています。

ただし、教授の論考でひとつ問題があるとすれば、「文化」と「文明」がごちゃ混ぜになっている点です。私は「文化」はフローで、「文明」はストックだと考えています。

中国やエジプトのそれはストックであり、けっして中国文化やエジプト文化とは言いま

せん。中国文明、エジプト文明です。逆に日本のそれはフローであり、日本文明とは言わない。日本文化です。

教授の論考では、そこが混同して論じられているところがありますが、それを抜きにすれば、教授の予測は実に正しかったと思います。

たとえばハンティントン教授は、二十一世紀に世界が直面する問題として、イスラム原理主義と儒教国家（Confucius）が結びついてConfucian-Islamic connectionになると、手に負えなくなると語っています。

ここで言う儒教国家とは中国、北朝鮮を指しており、日本は含んでいません。核施設や武器輸出などで関係を深める中国、北朝鮮とイランの関係を見ると、まさにハンティントン教授が指摘したConfucian-Islamic connectionであり、その慧眼《けいがん》には驚くばかりです。

グローバル化の時代は、ハンティントン教授が言うように、必ずしも平和の時代ではなく、宗教や民族など人類の根元的なアイデンティティが衝突の原因になるのです。

だからこそ、本書で繰り返し述べてきたように、外国語を含む幅広い教養を身につけ、どんどん海外へ飛び出して、異文化理解を深めることが必要なのです。

エドワード・ホールというアメリカの有名な文化人類学者に、『Beyond Culture』

（Edward T. Hall著／Doubleday & Company, Inc.／一九七六年：日本語版『文化を超えて』岩田慶治《いわたけいじ》、谷泰《たにゆたか》訳／TBSブリタニカ／一九七九年）という著作があります。

たとえば、アラブの国を理解するには、アラビア語を覚えただけでは無理で、その背景にある歴史、風土、民族、宗教、社会状況、価値観、習俗などを多面的に学び、知る必要があります。それには、広く深い教養の習得が不可欠であると同時に、自分が生まれ育ったコミュニティで無意識に身につけた文化の束縛から、自らを解放する必要もあります。

色眼鏡をかけたままでは、相手のほんとうの姿を理解するのは困難ですし、「文化」がしばしば絶壁のように目の前に立ちはだかってしまうのです。エドワード・ホール教授の言う「文化を超えて」とは、つまりそういうことです。

二十一世紀の日本を考える場合、成長著しい中国との関係はこれまで以上に重要になりますが、アフリカにおける資源外交に見る如《ごと》く、実に中国はしたたかです。それを乗り越えていくには、圧倒的な中国文明の重量に耐えられるような日本人を育てる必要があります。

それには、やはり中国を深く知らないといけない。尖閣諸島《せんかくしょとう》の問題などでいきり立っているだけでは、狡知《こうち》に長《た》けた中国外交の上を行くような人材は育成できません。これまで以上に真摯《しんし》な姿勢で、中国研究を進めるべきです。

国際教養大学では、その一助になればと二〇一一年、中国、香港、台湾、極東ロシア、モンゴルや朝鮮半島などの地域研究を進める「東アジア調査研究センター」を開設する予定です。行動するシンクタンクとして、研究成果は行政や経済界に積極的に還元し、人材育成などにも寄与するつもりです。

めざすべきは成熟した国家——異文化理解を深めよう

これからの日本は、いま以上に「成熟した国家」をめざすべきです。

たとえば、経済の成長は著しい中国ですが、成熟とはほど遠い。北京空港に降り立つとそのスケールの大きさに圧倒されますが、ひとつひとつの建物はとても貧弱で、坪《つぼ》当たりの建築単価は、日本のほうがはるかに高い。安普請《やすぶしん》でも、壮大に見せるしかけがうまいのです。

それでもぱっと見ると、ものすごく立派に見えますし、北京市内や上海市街にも高層ビルが次々に建っていますから、それを見た外国人が日本へやってくると、やけに成田空港が貧相に見えたり、東京も活気が感じられないと映るようです。

実際に、欧州から来た知人に「いったいどちらが途上国か、わからない」と、言われたことがあります。

いま、日本と中国の間には、それほど活気に差があるのです。

しかし、ひとり当たりのＧＤＰを見ると、中国は先進国の水準よりずっと低い。国際通貨基金（ＩＭＦ）の最新データによると、二〇〇九年の中国のひとり当たりＧＤＰは約３５００ドル。日本は約３万９５００ドルで、中国の10倍以上です。

不況だなんだと言っても、世界的に見れば、日本は十分豊かですし、中国とは比べものにならないほど成熟した社会なのです。これからの日本は、その成熟の度合いをさらに高めていくべきです。

具体的には、欧州を担っているドイツやフランスやイギリスと同じようなサイズの国家として、アジアや世界を支えていくのが、あるべき姿としては一番ふさわしいと私は思います。

それらの国は、みな教養教育をしっかりやっています。複言語主義で異文化理解に力を入れているし、芸術などの感性教育も熱心です。このため、政治家にも教養人が多く、とても上手にピアノを弾くような芸術愛好家も少なくありません。日本がより成熟した国家となるには、教養教育を再生し、そういう国をめざすべきです。

彼らをあるべき国家のモデルとする理由は、もうひとつあります。それは、それぞれの国が、たがいに抱える過去の恩讐《おんしゅう》を乗り越えて、EUの実現にこぎつけたことです。フランス人の友人に、ものすごいドイツ嫌いがいます。いまだにナチスドイツのパリ占領を恨んでいる。ところが、そのフランス人もフランを捨てて、ユーロを使い始めたのです。同じようにドイツは、マルクを捨てました。そういうところに、一国の利害にとらわれないグローバル時代のトランスナショナルな状況が、象徴的に現われています。

それは、そのまま日本と中国と韓国の関係に置き換えることも可能でしょう。東アジアの安定を考えるとき、欧州の例は、よい羅針盤となるのではないかと思います。

それには、優秀な外国人労働力をもっと入れるべきですし、日本で就職したい留学生はどんどん雇用すべきです。二〇一〇年、国際教養大学ではモンゴルから来た留学生がソニーに入社しました。きわめて優秀な学生で、トップクラスでの採用でした。

このように異文化の交流を促し、相互理解を深めていく――。

より成熟した国家としての日本の未来は、結局のところ、この先、どれだけ異文化理解を深めることができるか、その一点にかかっているように思います。

本書は、祥伝社黄金文庫のために書き下ろされた。

一〇〇字書評

切り取り線

購買動機（新聞、雑誌名を記入するか、あるいは○をつけてください）	
□（　　　　　　　　）の広告を見て	
□（　　　　　　　　）の書評を見て	
□ 知人のすすめで	□ タイトルに惹かれて
□ カバーがよかったから	□ 内容が面白そうだから
□ 好きな作家だから	□ 好きな分野の本だから

●最近、最も感銘を受けた作品名をお書きください

●あなたのお好きな作家名をお書きください

●その他、ご要望がありましたらお書きください

住所	〒				
氏名		職業		年齢	
新刊情報等のパソコンメール配信を 希望する・しない	Eメール	※携帯には配信できません			

あなたにお願い

この本の感想を、編集部までお寄せいただけたらありがたく存じます。今後の企画の参考にさせていただきます。Eメールでも結構です。

いただいた「一〇〇字書評」は、新聞・雑誌等に紹介させていただくことがあります。その場合はお礼として特製図書カードを差し上げます。

前ページの原稿用紙に書評をお書きの上、切り取り、左記までお送り下さい。宛先の住所は不要です。

なお、ご記入いただいたお名前、ご住所等は、書評紹介の事前了解、謝礼のお届けのためだけに利用し、そのほかの目的のために利用することはありません。

〒一〇一-八七〇一
祥伝社黄金文庫編集長　吉田浩行
☎〇三（三二六五）二〇八四
ohgon@shodensha.co.jp

祥伝社ホームページの「ブックレビュー」からも、書けるようになりました。
http://www.shodensha.co.jp/bookreview/

祥伝社黄金文庫

なぜ、国《こく》際《さい》教《きょう》養《よう》大《だい》学《がく》で人《じん》材《ざい》は育《そだ》つのか

平成22年12月20日　初版第1刷発行
平成25年 8 月25日　　第6刷発行

著　者　中《なか》嶋《じま》嶺《みね》雄《お》

発行者　竹内和芳

発行所　祥伝社《しょうでんしゃ》

〒101－8701
東京都千代田区神田神保町3－3
電話　03（3265）2084（編集部）
電話　03（3265）2081（販売部）
電話　03（3265）3622（業務部）
http://www.shodensha.co.jp/

印刷所　堀内印刷

製本所　積信堂

Printed in Japan　©2010, Mineo Nakajima　ISBN978-4-396-31529-0 C0195

祥伝社黄金文庫

志緒野マリ　たった3ヵ月で英語の達人

留学経験なし、英語専攻でもなし。たった3カ月の受験勉強で通訳ガイドになった著者の体験的速習法。

志緒野マリ　今度こそ本気で英語をモノにしたい人の最短学習法

本気でやろうと思う人にだけ、「本当に価値ある方法論」を教えます。「目からウロコ」のアドバイス！

シグリッド・H・塩谷　アメリカの子供はどう英語を覚えるか

アメリカ人の子供も英語を間違えながら覚えていく。子供に戻った気分で、気楽にどうぞ。

斎藤兆史　日本人に一番合った英語学習法

話せない、読めないと英語に悩む現代人が手本とすべき、先人たちの「学びの知恵」を探る！

石田　健　1日1分！英字新聞エクスプレス

通勤、通学、休み時間、ちょっとした合間に。これ1冊で「生きた英語」の英単語、文法、リスニングもOK！

片岡文子　1日1分！　英単語

TOEICや入社試験によく効く！ワンランクアップの単語力は、この1冊で必要にして十分。

祥伝社黄金文庫

中村澄子
1日1分レッスン！
新TOEIC®Test
最小、最強、そして最新！　受験生必携のベストセラーが生まれ変わりました。1冊丸ごと音声ダウンロード可。

中村澄子
1日1分レッスン！
新TOEIC®Test　千本ノック！
難問、良問、頻出、基本、すべてあります。カリスマ講師が最新の出題傾向から厳選した172問。

中村澄子
1日1分レッスン！
新TOEIC®Test　千本ノック！2
時間のないあなたに、おすすめします。最新の出題傾向がわかる最強の問題集です。

中村澄子
1日1分レッスン！　新TOEIC®Test
英単語、これだけ　セカンド・ステージ
本当に出る単語を、さらに360集めました。「最小にして最強の単語本」待望の中級編です。

中村澄子
新TOEIC®テスト
スコアアップ135のヒント
最強のTOEICテスト攻略法。基本から直前・当日対策まで、最も効率的な勉強法はコレだ！

丸山美穂子
TOEIC®Test
満点講師の100点アップレッスン
英語学校でTOEICコースを担当する傍ら、自身も満点を取得している著者が真の英語力が身につく勉強法を初公開。